本书为四川特殊教育发展研究中心重点项目（SCTJ-2022-A-02）和乐山师范学院高层次人才引进科研启动项目（RC2024023）的研究成果。

特殊教育教师专业发展的学校支持体系构建研究

向松柏 / 著

中国商业出版社

图书在版编目（CIP）数据

特殊教育教师专业发展的学校支持体系构建研究 / 向松柏著. -- 北京 : 中国商业出版社, 2025. 7.
ISBN 978-7-5208-3521-3

Ⅰ. G76

中国国家版本馆CIP数据核字第20250JE310号

责任编辑：袁　娜

中国商业出版社出版发行
（www.zgsycb.com　100053　北京广安门内报国寺1号）
总编室：010-63180647　编辑室：010-83128926
发行部：010-83120835/8286
新华书店经销
北京亚吉飞数码科技有限公司印刷
*
710毫米×1000毫米　16开　12.75印张　202千字
2025年7月第1版　2025年7月第1次印刷
定价：98.00元
* * * *
（如有印装质量问题可更换）

前　言

教育大计，教师为本。教师是特殊教育事业发展的第一资源，建设高素质的特殊教育师资队伍是特殊教育高质量发展的关键。近年来，党和国家对特殊教育教师队伍建设的重视程度不断加大，特殊教育教师队伍建设取得了长足进步。但特殊教育教师专业底子薄弱、专业素质总体水平不高，依然是阻碍我国特殊教育质量提升的最大“瓶颈”。如何促进特殊教育教师专业发展，建设高质量的特殊教育师资队伍是学者关注的焦点问题。

党的十八大以来，我国特殊教育学校数量逐年递增，截至2024年底，其数量已达2396所，是当前特殊教育的“主阵地”。特殊教育学校作为典型的组织，是教师专业发展的责任主体，也是最适宜教师专业发展的地方。特殊教育教师专业发展离不开个人的禀赋和主观能动性，更依赖于环境的支持和资源保障，客观环境制约着教师专业发展的质量和水平。特殊教育学校是教师专业发展的重要场域，在特殊教育教师专业发展的支持系统中，学校支持与教师专业发展之间的联结最为紧密。

基于政策导向、现实诉求和理论缺口，本书将特殊教育教师专业发展置于学校组织生态中，运用组织支持理论和社会交换理论阐释学校支持与特殊教育教师专业发展的关系，探究学校支持对特殊教育教师专业发展的影响机制，构建“五位一体”的学校支持体系，促进特殊教育教师专业成长，助推特殊教育高质量发展。

教育是“一棵树摇动另一棵树，一朵云推动另一朵云”的事业，而特殊教育教师正是用生命唤醒生命的践行者。期待本书能为特殊教育教师专业发展研究注入新视角，为特殊教育教师专业发展的学校支持体系构建提供新范式，最终每一位特殊儿童都能在优质教育的滋养下绽放独特光彩。

目　录

第一章 绪论

教育乃国之大计，教师系立教之本。在新时代教育高质量发展背景下，国家高度重视特殊教育师资队伍建设，在政策层面持续强化顶层设计，《“十四五”特殊教育发展提升行动计划》《新时代基础教育强师计划》《关于加强特殊教育教师队伍建设的意见》等纲领性文件相继出台，特殊教育教师专业发展取得阶段性成效。然而，特殊教育教师专业底子薄弱、专业素质总体水平不高，依然影响着我国特殊教育质量的提升。如何破解这一瓶颈性问题，促进特教教师专业发展，成为补齐特殊教育短板的关键举措。基于此，本书打破“就教师谈教师”的研究窠臼，将教师专业发展置于学校组织生态中，探究学校支持对特殊教育教师专业发展的影响机制，构建特殊教育教师专业发展的学校支持体系，这既有重要的理论价值，又是迫切的现实需求。

文献梳理发现，关于学校支持的研究缺乏适宜理论工具的关照，其概念、结构、测量均有待进一步研究；学校支持与特殊教育教师专业发展关系的研究，尚未涉及“机制”层面；尚未构建学校支持影响特殊教育教师专业发展的理论模型；尚未明晰学校支持作用于特殊教育教师专业发展的具体路径。鉴于此，本书围绕“学校支持如何作用于特殊教育教师专业发展”这一核心问题，以组织支持理论和社会交换理论为理论视角，将定性和定量研究相结合，探究学校支持对特殊教育教师专业发展的影响机制，通过回答以下问题——学校支持究竟如何影响特殊教育教师专业发展？其具体作用路径是什么？如何完善学校支持体系，促进特殊教育教师专业发展？为优化教师专业发展的路径，建设高素质专业化的特殊教育教师队伍提供理论参考和可操作建议。

第一节 研究背景

一、新时代特殊教育发展呼唤高质量的特殊教育教师队伍

“高质量教师是高质量教育发展的中坚力量。”2018年1月，中共中央、国务院印发《关于全面深化新时代教师队伍建设改革的意见》强调“坚持兴国必先强师”，把建设高质量教师队伍作为新时代教师队伍建设的根本任务。这是中华人民共和国成立以来党中央第一次专门出台面向教师队伍建设的文件，将教师队伍建设工作提到了前所未有的高度，标志着教育事业发展重心由重视硬件投入转向重视教师发展，教师队伍建设迎来了新时代。2019年2月，中共中央、国务院印发《中国教育现代化2035》，把“建设高素质专业化创新型教师队伍”作为教育现代化的十大战略任务之一，提出“强化职前教师培养和职后教师发展的有机衔接。夯实教师专业发展体系，推动教师终身学习和专业自主发展”。国家“十四五”规划和2035年远景目标纲要指出“建设高素质专业化教师队伍，建立高水平现代教师教育体系”，为教育深化改革指明了方向，也对教师的专业素质提出了更高的要求。特殊教育作为教育事业的重要组成部分，从党的十七大报告的“关心特殊教育”，到党的十八大的“支持特殊教育”，从党的十九大的“办好特殊教育”，再到党的二十大的“强化特殊教育普惠发展”，党和国家不断加大对特殊教育的重视程度和支持力度。[1-2] 2015年8月，教育部颁布的《特殊教育教师专业标准（试行）》提出合格特殊教育教师的基本专业要求，成为引领特殊教育教师专业发展的基本准则，也是特殊教育教师培养、准入、培训、考核等工作

[1] 朴永馨.庆党百年 回顾中国特殊教育发展[J].中国特殊教育，2021（7）：6-7.

[2] 刘世清，严凌燕.把教育公平作为国家基本教育政策[J].中国教育学刊，2019（9）：11-15.

的重要依据。2021年7月，国务院印发的《“十四五”残疾人保障和发展规划》强调进一步“加强特殊教育教师队伍建设，提升教书育人能力素质”。各地区各部门及特殊教育学校采取有力措施认真贯彻落实文件精神，特殊教育教师队伍建设取得显著成就。面对新时代、新征程、新要求，当前特殊教育教师队伍还不能完全适应，迫切需要加大特殊教育师资的培养力度，推动其职业成长，建设高素质专业化创新型的特殊教育教师队伍。

二、特殊教育教师专业发展影响特殊教育质量的提升

改革开放40多年来，我国特殊教育师资队伍建设取得了长足的发展。截至2023年年底，全国特殊教育教师达到7.7万人，相较于改革开放初期的6000余人，增长超过了十倍，不仅师资数量大幅增长，教师的专业化水平同样稳步提升。但学术界对特殊教育教师专业发展问题的关注和重视起步相对较晚，特殊教育教师队伍的质量亟待提升，专业底子薄弱的特殊教育师资队伍已成为阻碍我国特殊教育质量提升的最大“瓶颈”，[1] 主要表现在以下四个方面：一是特殊教育教师学历整体水平偏低。特殊教育学校师资队伍的学历水平虽有明显提升，本科学历教师占比由2007年的30.38%增加至2020年的72.22%；但专科及以下学历教师人数仍然较多，有16507人，占比24.95%；研究生学历的教师仅1872人，占比不足3%，高学历教师缺乏。[2] 二是特殊教育教师专业背景参差不齐。只有24.3%的教师具有特殊教育专业教育背景，大部分教师仅具有普通师范院校教育经历或是由普通学校转岗而

[1] 敖勇前，刘璞，王庭照.新时代背景下我国特殊教育事业发展需求分析——基于2016—2019年全国两会特殊教育提案的文本分析[J].中国特殊教育，2020（3）：14-22.

[2] 中华人民共和国教育部发展规划司.中国教育统计年鉴2020[M].北京：中国统计出版社，2021：172.

来，[1]其最初学历的专业与特殊教育并不相关，特殊教育专业毕业的教师仅占42.9%，非特殊教育专业背景的占41%，还有15.6%的特殊教育教师为非师范毕业，高达60%的特殊教育教师在从业之前未修读过特殊教育课程，缺乏特殊教育专业背景。[2]三是特殊教育教师受过专业培训的比例较低。大部分特殊教育教师在从事特殊教育工作之前，缺乏系统的专业培训，特殊教育专业知识和技能不足。近年来，特殊教育专任教师中受过特殊教育专业培训的教师占比不断提升，但仍不足70%，且学历较低的教师受过专业培训的比例低，职称较高的教师受过专业培训的比例较低。[3]四是特殊教育教师的职业成就感低、倦怠感高。有调查显示，近半数的特殊教育教师认为特殊教育工作是一项低成就感的工作（54.0%），让他们身心疲惫（51.8%）、不被人理解（43.2%）、有挫折感（40.2%）。[4]特殊教育教师专业素质总体水平一般，[5]职业倦怠较为严重，教学效能感不高，专业发展的积极性缺失，[6]甚至部分教师选择离开特殊教育领域，特殊教育教师的流失率在所有教师群体中最高，岗位空缺远超其他学科。因此，加强特殊教育师资队伍建设，提升特殊教育教师专业发展水平，建设一支数量足够、稳定、有较强专业能力的高质量特殊教育教师队伍刻不容缓。

---

[1] 杨茹，王雁，徐思思.基于培训需求调查的特教教师专业发展及困难探析：以云南、甘肃两省为例[J].现代特殊教育，2019，22（20）：25-32.

[2] 李燕，余菊芬.特教教师健康行为对抑郁倾向的影响：评价性支持与主观幸福感的链式中介作用[J].中国特殊教育，2021（4）：27-33.

[3] 王雁.中国特殊教育教师发展报告2018[M].北京：北京师范大学出版社，2020：176-177.

[4] 杨广学，杨福义.中国特殊教育教师专业发展状况调查与政策分析报告[M].上海：华东师范大学出版社，2014：104.

[5] 宫慧娜，雷江华.美国高质量特殊教育教师培养的特点及启示——以范德堡大学特殊教育专业本科培养项目为例[J].教育学报，2021，17（2）：98-108.

[6] 班永飞，孙霁，白冰玉.特殊教育教师职业承诺对职业倦怠的影响：教学效能感的调节效应[J].中国特殊教育，2019（8）：34-40.

三、学校支持影响特殊教育教师专业发展的机制尚未明晰

《国务院关于加强教师队伍建设的意见》中明确提出，落实和扩大学校办学自主权，鼓励校长和教师在教育实践中勇于探索，创新教育思想、教育模式和教育方法。2014年教育部、人力资源部等部委出台《关于推进县（区）域内义务教育学校校长教师交流轮岗的意见》，首次提出“县管校聘”改革，赋予学校用人自主权。2020年9月，教育部等八部门联合印发《关于进一步激发中小学办学活力的若干意见》，强调深化教育“放管服”改革，通过扩大人事工作自主权，保证教育教学自主权，落实经费使用自主权，保障学校办学自主权，落实中小学办学主体地位。近年来，我国特殊教育学校数量逐年递增，截至2023年年底，全国各地2345所各类特殊教育学校发挥着重要作用，是当前特殊教育的主战场。《“十四五”特殊教育发展提升行动计划》明确要求，继续“加强特殊教育学校建设，鼓励20万人口以上的县（市、区、旗）办好一所达到标准的特殊教育学校”，不断改善办学条件，加强特殊教育教师队伍建设。随着特殊教育学校数量的增长与办学自主权的扩大，学校在特殊教育教师专业发展中的作用得到进一步凸显。特殊教育学校作为最适宜教师专业发展的地方，是教师教学、研讨、学习的主要场所，也是教师日常生活与专业发展的重要场域，[1]在教师专业发展中处于责任主体的地位。特殊教育教师专业发展离不开来自学校的制度、物质、情感、文化等各个方面的支持，学校支持的力度直接影响特殊教育教师专业发展的深度和高度。在特殊教育教师专业发展支持系统中，学校支持与教师的关系最为紧密。[2]但是，现有研究尚未涉及“机制”层面，学校支持对特殊教育教师专业发展的影响机制有待明晰，亟须澄清学校支持与特殊教育教师专业发展

[1] 陈婷，胡雪涵，高鑫.西部中小学STEAM 教育的困境与对策——基于西部 12 省（市、自治区）中小学教师STEAM认识的调查分析[J].教师教育研究，2021（2）：59-64.

[2] 吕亚楠.乡村教师专业发展支持系统的现状分析及重构[J].教育理论与实践，2016，36（17）：22-24.

的关系，阐明学校支持影响特殊教育教师专业发展的具体路径，构建相应的学校支持体系，把教师专业发展更好地嵌入特殊教育学校中，不断提升教师的专业素养，促进特殊教育教师数量、素质、结构协调发展。

第二节 研究意义

一、理论意义

学校支持、工作投入、心理资本对特殊教育教师专业发展的影响似乎已经不言自明，但是理论研究中对于这些前因变量影响教师专业发展的机制尚未明晰。这既限制了教师专业发展理论的丰富和发展，又影响了特殊教育教师专业学习的改进。本书基于质性研究构建学校支持对特殊教育教师专业发展影响机制的模型，并通过问卷调查研究对所建构的理论模型进行实证检验，其理论意义主要体现在如下几点。

（一）有利于深化教师专业发展的相关理论研究

20世纪90年代至今，教师专业发展在教育改革和发展中的重要地位日益凸显，教师专业发展已成为近十年国际教师教育领域最为活跃的主题之一。[1]教师专业发展的研究路径主要有两个方面：研究教师专业发展的外在性因素和研究教师专业发展的内在性机制。学者探讨了教师认知水平、教育

[1] 张佳.国际教师教育领域研究：现状、热点与趋势——教师教育领域八种权威SSCI期刊的可视化分析[J].教师教育研究，2019（2）：29-36.

信念、知识结构等内部因素和教师政策、学校文化、校长领导风格等外部因素对教师专业发展的影响，并开始重视学校支持在教师专业发展中的作用，但尚未对学校支持“如何”作用于教师专业发展进行深入探究。本书综合运用文献计量分析法、问卷调查法、访谈法、统计分析法等研究方法，以社会交换理论与组织支持理论为理论视角，通过对学校支持影响特殊教育教师专业发展的路径进行理论推演和实证检验，不仅揭示了学校支持与特殊教育教师专业发展的关系，回答了学校支持如何作用于特殊教育教师专业发展的问题，还细化了教师专业发展研究的范围，对特殊教育领域的教师专业发展问题进行实证分析，探究特殊教育教师专业发展的前因变量，为丰富教师专业发展理论研究提供实证依据。

（二）有利于拓展组织支持理论的应用范围和情境

组织支持理论是以互惠原则为基础的，主要指组织对其内部成员形成的某种整体性支持，涵盖组织对员工所提供的全面性支持，这种支持不仅涉及组织对员工贡献的认可和对员工福利的关怀，还体现在员工对组织给予的支持和关怀的感知程度。组织支持理论一经提出，便受到研究者的广泛关注，国内外学者从管理学、经济学、社会学等视角展开对组织支持理论及其应用的相关研究，拓展和深化了组织支持理论的研究范畴和内容体系。目前，组织支持理论主要应用于企业管理领域，探讨组织支持对员工忠诚度[1]、工作满意度[2]、组织承诺[3]、创新行为[4]、工作绩效和离职倾向[5]等方面的影响。本书将组织支持

[1] 陈帅，俞飞滢，周娟，等.共享经济下半契约型员工忠诚度形成机制——一个基于扎根理论的探索性研究[J].财经论丛，2020（2）：94–103.

[2] 汤伟娜，闫舒迪，刘追.电子领导力、组织支持感与员工工作满意度的影响机制研究[J].领导科学，2017（17）：43–45.

[3] 李其容，李春萱，杨艳宇，等.获得支持是好还是坏？——师傅支持行为与新入职护士工作投入的复杂动态关系[J].心理科学，2023，46（2）：370–377.

[4] 詹小慧，李群.组织支持感与员工创新绩效：一个跨层次的调节模型[J].当代经济管理，2020，42（1）：71–77.

[5] 邵芳.组织支持理论研究评述与未来展望[J].经济管理，2014，36（2）：189–199.

理论引入特殊教育领域，将特殊教育学校视为典型的组织，基于组织支持的概念对学校支持进行概念界定，强调学校组织行为对教师职业行为的影响，学校在教师专业发展方面给予各种形式的鼓励、支援和帮助。运用组织支持理论探讨学校支持与特殊教育教师专业发展的关系，探究学校支持对特殊教育教师专业发展的影响机制，拓展了组织支持理论的应用范围，推动组织支持理论在特殊教育领域的具体化研究，为特殊教育学校人力资源开发和管理提供了理论依据。

（三）有利于明晰学校支持对特殊教育教师专业发展的作用机制

近年来，学校支持在教师专业发展中的作用逐渐得到研究者的重视，已针对乡村小学教师[1]、乡镇初中教师[2]、特殊教育教师[3]等不同教师群体展开研究。学者普遍认同教师专业发展离不开学校的各种支持，学校支持是教师专业发展的重要途径，并从物质、文化、制度等角度提出了学校支持策略，以促进教师的专业发展。但现有研究尚未涉及“机制”层面，对学校支持影响特殊教育教师专业发展的机制进行探究。基于此，本书结合运用分层目的性抽样和理论抽样，抽取特殊教育教师进行深度访谈，收集原始资料，通过三级编码分析建构学校支持对特殊教育教师专业发展影响机制的理论模型，分析学校支持、心理资本、工作投入和特殊教育教师专业发展之间的关系，提出学校支持经过直接关系路径和间接关系路径影响特殊教育教师专业发展，并实证检验心理资本、工作投入各自的中介作用以及两者的链式中介作用，从而明晰学校支持对特殊教育教师专业发展存在的直接和间接作用路径。

---

[1] 盛倩.乡村小学教师专业发展学校支持研究[D].天津：天津师范大学，2021：1-2.

[2] 王艳.乡镇初中教师专业发展的学校支持研究[D].开封：河南大学，2019：1.

[3] 张燕.贵州省特殊教育教师职业认同与学校支持研究[D].成都：四川师范大学，2018：3.

二、实践意义

“学校是教师专业发展的主体场域”[1-2]，基于学校支持的自主发展是教师专业发展最基本、最有效的途径。[3]特殊教育教师感知到高水平的学校支持，会自愿对学校作出承诺，积极地参与专业发展活动，不断提升自己的专业知识和教学技能，倾情投入工作并尽最大努力实现学校的目标。本书将定性和定量研究相结合，阐释与明晰学校支持对特殊教育教师专业发展的直接作用路径，以及心理资本和工作投入的中介作用路径，对于完善特殊教育学校的学校支持体系，“内外合力”促进特殊教育教师专业发展具有较强的现实意义。

（一）有利于“内外合力”促进特殊教育教师的专业发展

本书通过研究学校支持影响特殊教育教师专业发展的内因，明晰学校支持对特殊教育教师专业发展的影响机制，证实学校支持经过直接关系路径和间接关系路径影响特殊教育教师专业发展，对特殊教育教师的心理资本和工作投入发挥着显著的部分中介作用。一方面，有助于特殊教育学校提高自身管理水平，重视特殊教育教师个性化的发展需求，采取有针对性的措施为他们提供专业支持。譬如，为教师提供必要的网络学习资源和培训机会，认可和赞赏他们工作中的成绩，为教师专业发展提供良好的支持性环境，从而促进特殊教育教师专业发展。另一方面，有助于教育管理者提高对特殊教育教师心理资本和工作投入的重视程度，不仅注重制度激励，为特殊教育教师提供良好的职业发展机会，增强他们的工作投入，还要注重特殊教育教师心理

---

[1] 张文超，陈时见.学校本位教师专业发展的时代意蕴与推进路径[J].当代教育科学，2022（1）：68-76.

[2] 胡惠闵.走向学校本位的教师专业发展：问题与思路[J].开放教育研究，2007（3）：51-55.

[3] 杨宝忠，孟晶，杨思垠.基于乡村新教师专业发展需求的学校支持研究[J].中小学教师培训，2016（12）：1-5.

资本的开发和管理，帮助他们培育乐观、希望、韧性、自我效能等积极心理资源，提升特殊教育教师发展的内生动力，积极投身于教育康复工作，“内外力”结合推动特殊教育教师队伍专业水平的提升。

（二）有利于“精准”优化特殊教育学校支持体系

学校支持是统计学上影响教师专业发展的前因变量，通过特殊教育学校对教师专业发展的支持方式和程度，可以揭示学校在人力资源管理方面的不足，也能一定程度反映教师专业发展的水平。本书通过探究学校支持对特殊教育教师专业发展影响机制，基于实证的证据回答了学校支持如何直接和间接作用于特殊教育教师专业发展，发现了学校支持是一个包括制度支持、情感支持、物质支持、专业支持和文化支持的多维度概念，制度支持、物质支持、专业支持和文化支持与特殊教育教师专业发展存在倒U形曲线的关系，情感支持能够正向预测特殊教育教师专业发展。研究结果不仅有助于增强特殊教育学校管理者对学校支持重要性的认识，而且能够对特殊教育教师专业发展的学校支持体系的设计、评估和改进提供有益的借鉴。特殊教育学校应根据具体情况，从物质、制度、专业、情感、文化五个方面为特殊教育教师专业发展提供适度的支持，避免支持过度或不足的情况发生。在改进学校支持体系时，尤其要注重情感层面的支持，包括情感上的鼓励、理解和关怀，建立积极的情感支持环境；通过定期收集特殊教育教师的反馈和需求，及时调整支持策略和资源分配，以提高学校支持的质量和效果。

第三节　文献综述

文献综述作为研究领域的知识地图，不仅揭示了研究问题的起点，还展示了研究者对学术素养和规范的认识与遵循。[1] 笔者将学校图书馆的馆藏资源、中国知网（CNKI）、Web of Science、ProQuest、Elsevier、Springer、Wiley等数据库及官方网站的政策文本作为文献数据的搜索渠道，以“学校支持”“心理资本”“工作投入”“教师专业发展”“特殊教育教师专业发展”为关键词进行检索，对收集的文献资料进行筛选与梳理，整理出400余篇与本书相关的中英文期刊论文、116本著作及42篇政策文本，对文献进一步总结归纳，从特殊教育教师专业发展、心理资本、工作投入、学校支持与教师专业发展关系的研究四个方面展开综述。

一、关于学校支持与教师专业发展关系的研究

（一）关于学校支持的研究

在过去很长的一段时间里，关于学校支持的研究主要停留在日常话语阶段，没有受到学者足够的重视。早期研究者将其与社会支持等同，并未明晰学校支持的概念。近年来，随着学校办学自主权的扩大和落实，学校支持对学生、教师发展的重要性日益凸显，越来越多的学者开始对学校支持展开研究，主要包括学校支持的概念、结构、测量及其与结果变量的关系。

1.学校支持的定义研究

文献回顾发现，学者基于自身研究的领域和视角对学校支持进行了界定，目前还没有明确、统一的定义。

一方面，不少研究者从学生的视角对学校支持进行界定，强调学校支持对学生学业质量和整体身心发展的重要作用。例如，廷托（Tinto）认为学校支持对学生成功适应大学生活并顺利完成大学学业非常重要，这种学校支

[1] 龙红霞，张卫良.道德教育的形式之维与实践之径[J].教育研究，2019，40（5）：43-50.

持包括学术支持（Academic Support）、社交支持（Social Support）和一定程度上的财政支持（Financial Support）。有学者从学生发展的角度提出，学校支持是高校结合发展目标，为满足学生的全面发展需求，提供的社交支持、学习支持、学业资助和基本设施支持。[1] 博蒂亚尼（Bottiani）认为学校支持是一个新兴的理论构建，旨在满足青少年的归属感、能力和自主性需求。学校支持是学生从教师和同龄人感受到的支持水平。大学生就业的学校支持可视为学生感受到的学校和老师给予的各种指导和帮助。在特殊教育领域，学校支持是特殊教育学校为特殊需要学生提供专业的教育支持，包括入学评估服务、心理或行为等方面的支持。学校支持综合反映了学校价值观、学校氛围和人际关系的结合，可以衡量学生学校支持的程度和学校生活的质量。针对赴台交换生群体，有学者提出学校支持是指大陆交换生到台湾学习的过程中，他们受到台湾教师和同学在情感方面的支持，以及学校所提供的实质上和信息上的支持，主要包括工具性支持、情绪性支持与信息性支持。[2] 还有学者基于社会支持理论，将学校支持定义为个体通过与教师和同龄人的互动及参与学校活动，而在学校中培养的支持感、安全感和认同感。

另一方面，有研究者从教师的视角对学校支持进行了界定，关注学校支持对教师专业成长和职业发展的影响。例如，有研究者将学校支持定义为教师工作中感知到的学校对他们所作贡献和工作幸福感的重视程度，[3] 是学校在教师专业发展方面给予教师精神上和物质上的关心和帮助。[4] 学校支持是学校为帮助教师提升专业理念、专业知识和专业能力而提供的支援和服务。[5] 也有研究者借鉴社会支持的定义，将学校支持界定为学校针对新手教师在专业实践知识增长过程中遇到的挑战和需求，而主动提供的多样化援助和解

[1] 应金柱.学校支持对本科生学校归属感的影响研究[D].武汉：华中科技大学，2016：17.

[2] 王玥，刘春玲，王云峰.学校融合教育质量评价指标体系研究进展[J].中国特殊教育，2022（5）：11–20.

[3] 曹玲燕.高原期教师职业生涯发展的学校支持策略研究[D].上海：华东师范大学，2012：12–13.

[4] 王荣雪.延边地区小学教师职业生涯规划能力与学校支持相关研究[D].延吉：延边大学，2014：11.

[5] 王艳.乡镇初中教师专业发展的学校支持研究[D].开封：河南大学，2019：7.

决方案，旨在让教师感受到学校的关怀与尊重。[1] 从学校支持的概念可以发现，学者对学校支持的界定各不相同，往往是针对特定对象来定义的，包括对教师群体的学校支持与对学生群体的学校支持；从支持的性质上看，学校支持主要包括物质与精神两个层次的内涵。

2.学校支持的结构与测量研究

如表1-1所示，由于研究对象和内容的差异，学校支持的结构也各不相同：有的研究仅关注学校层面的支持，如陈德明和张革华关于贫困大学生学校支持的研究；[2] 有的研究不仅重视学校层面的支持，还包含老师支持和同学支持等，如帕克（Parker）在新冠疫情期间对黑人青少年学校支持研究；有的研究除了学校层面的支持，还包含社会团体支持，如赵必华和周元宽对大学生群体学校支持的研究，[3] 曹渝对流动青少年学校支持的研究；[4] 还有研究将自我支持纳入学校支持的结构中，如李一卓的对教师心理健康的学校支持。[5] 可见，学界对于学校支持的认识尚未形成统一意见，随着研究的深入和研究视角的丰富，学校支持的外延和结构是多样化的。

由于学校支持的概念和结构尚未达成一致，其评估方法需要根据研究需求灵活调整，在众多测量方法中，问卷调查法是最主要的一种方式。早期研究大多使用与支持密切相关的子量表（教师支持、同学支持或同伴支持）来测量学校支持。如托尔斯海姆（Torsheim）使用教师支持和同学支持问卷（The Teacher and Classmate Support Scale）进行测量，问卷共两个维度，包含“学校的教师对待学生是公正的”“我们班的同学喜欢待在一起”“我需要帮助时，老师会在我身边”“班上的大部分同学是友好和乐于助人的”等八个题项，采用五点计分，经检验问卷具有良好的效果。

[1] 陈林.农村小学新手教师实践性知识发展的学校支持研究[D].成都：四川师范大学，2020：6.

[2] 陈德明，张革华.关注贫困大学生就业 构建学校支持体系[J].前沿，2004（10）：152-154.

[3] 赵必华，周元宽.大学生学校认同影响因素的多层线性模型分析[J].复旦教育论坛，2019，17（4）：56-63.

[4] 曹渝.学校支持对流动青少年心理健康影响研究[D].重庆：重庆大学，2016：13.

[5] 李一卓.教师心理健康的学校支持系统研究——以W小学为例[D].上海：华东师范大学，2009：8.

表1–1 学校支持的结构

研究者	内容	基本结构
陈德明、张革华（2004）	贫困大学生就业的学校支持	观念支持、政策支持、物质支持、心理支持、渠道支持、开发支持
李一卓（2009）	教师心理健康的学校支持	自助体系和他助体系，他助体系又分为预防系统、诊断系统、干预系统、反馈系统
罗乐、向友余（2011）	脑瘫学生学校支持系统	环境支持、教师支持、同伴支持、考评支持、课教支持
石磊（2013）	大学生学校支持	学校支持、老师支持、同学支持
李彦群（2013）	残疾人高等教育学校支持	观念和文化体系、教学体系、保障体系
刘金荣（2014）	残疾人大学生学校支持	学业支持、环境支持、管理支持、事务支持
孟晶、周文玉（2014）	小学数学老师专业发展学校支持	专业支持、政策支持、情感支持
王荣雪（2014）	小学教师的学校支持	共同愿景、合作文化支持、同伴支持、制度支持、组织支持
项楚瑶（2016）	工科生的学校支持	学习支持、社交支持、设施支持
曹渝（2016）	流动青少年的学校支持	同学支持、教师支持、社会团体支持
张燕（2018）	特殊教育教师学校支持	目标导向、物质保障、情感支持、合作文化、专业指导
王艳（2019）	乡镇初中教师专业发展的学校支持	制度支持、条件支持、活动支持、管理支持、文化支持
随国栋（2019）	小学教师的学校支持	公平晋升、提供信息、注重培训、职业自我发展

续表

研究者	内容	基本结构
赵必华、周元宽（2019）	大学生的学校支持	学业支持、社会交往支持、经济生活支持、社会实践支持、卫生保健支持和体育艺术支持
Moreira（2020）	青少年的学校支持	教师支持、同伴支持
吴军其、王薇（2021）	智能时代中小学教师专业发展学校支持	学校组织、教师成长中心、学科组、校外机构及社区、教师个体意愿和行为
盛倩（2021）	乡村小学教师专业发展学校支持	制度支持、条件支持、活动支持、文化支持、情感支持
李鑫（2021）	赴台交换生的学校支持	情绪性支持、工具性支持、信息性支持
黄芬（2021）	农村小学教师的学校支持	学校物质支持、学校制度支持、学校评估支持、学校活动支持、学校心理支持
Parker（2021）	黑人青少年学校支持	工具性支持、学术性支持、情感性支持
刘胜男（2022）	乡村青年教师的学校支持	物质奖励、专业培训、参与管理、开放包容的氛围
龚渲棋（2022）	中职教师的学校支持	制度支持、条件支持、管理支持、文化支持

资料来源：根据相关文献整理。

有研究者使用学校氛围量表（Delaware School Climate Survey-Student）测量学校支持，该量表有师生关系、学生关系、规则公正、喜爱学校的程度和学校安全五个维度，包含“我的老师关心我”“学生有机会参与决策”“学生在学校感到安全”“学校规则对每个学生都是公平的”等项目。博蒂亚尼（Bottiani）等人设计了“我的老师尊重学生”“我的老师鼓励我在班上努力学习”“在这所学校，对所有种族的学生都是一视同仁的”等项目，对学校支持的关怀、高期望和公平三个维度进行测量。有学者选取组织支持问卷中的8个条目进行改编后，对284名职业技术教育教师的学校支持感进行测查，结果验证了问卷具有良好的信效度。

国内有不少学者根据研究目的自编学校支持问卷，比较具有代表性的有特殊教育教师学校支持问卷，该问卷包括专业性认同、发展性认同、价值性认同和情感性认同四个维度，共42个题项。调查问卷采用自评量表形式，题目呈现直接且易于理解，评分标准使用李克特量表，分为五个等级，对贵州省特殊教育教师进行发放后，测算出总问卷的Cronbach's α系数为0.944，各维度的α系数在0.819 ~ 0.916 之间；验证性因子分析结果显示，χ^2/df=2.303，CFI=0.879，IFI=0.881，$RMSEA$=0.098，$SRMR$=0.080，各拟合指标良好，表明问卷具有良好的信效度；[1]学校支持感量表是在组织支持感量表基础上改编的单维量表，量表由八个项目组成，采用1（完全不同意）至5（完全同意）五级计分，得分越高，表明个体感受到学校支持越多。经测算，量表的Cronbach's α系数为0.84，具有良好的内部一致性信度。[2]小学教师学校支持调查问卷包含共同愿景、组织支持、同伴支持、制度支持、合作文化支持五个维度，问卷采用五分等级法，分数越高表明学校支持状况越好。经检验发现，问卷的信度为0.962，具有较好的信度；[3]学校支持服务体系调查问卷是在学校的组织特质和前期访谈基础上编制的，包含物质奖励、专业培训、参与管理和开放包容的氛围四个维度，共18个题项，经测算，问卷的信效度良好。Cronbach's α系数为0.96，验证性因子分析结果显示，χ^2=775.4，df=129，CFI=0.97，TLI=0.97，$RMSEA$=0.05，$SRMR$=0.02，模型的各拟合指标良好。[4]中小学教师学校支持问卷是在组织支持感问卷基础上修订而成的，问卷包括五个项目，内部一致性系数为0.929，因子负荷值在0.75~0.90之间，五个项目能解释总方差的77.17%，问卷具有良好的信效度；

[1] 张燕.贵州省特殊教育教师职业认同与学校支持研究[D].成都：四川师范大学，2018：5-6.

[2] 赵小云，薛桂英，徐丽丽.特殊教育教师的学校支持感、职业使命感与工作满意度的关系[J].贵州师范大学学报（自然科学版），2019，37（2）：109-113.

[3] 王荣雪.延边地区小学教师职业生涯规划能力与学校支持相关研究[D].延吉：延边大学，2014：45-48.

[4] 刘胜男，郭嘉欣，赵新亮.学校支持服务体系对乡村青年教师教学创新的影响机制研究[J].教师教育研究，2022，34（1）：78-85.

[1]乡镇初中教师的学校支持状况调查问卷包含制度支持、管理支持、条件支持、活动支持、文化支持五个维度，共28个题项，总问卷的内部一致性信度系数为 0.959，各维度的内部一致性信度系数在0.722~0.897之间，信度较为良好。[2] 这些问卷为本书自编问卷提供了良好的研究基础和方法参考。

3.学校支持的结果变量

作为结果的变量是由作为原因的变量所决定的，原因变量的变化引起结果变量的变化。[3] 学校支持作为前因变量，其结果变量有哪些呢？文献回顾发现，学者主要关注学校支持对学生、教师群体心理和行为的影响。首先，学校支持对学生群体的心理和行为具有显著影响，如有研究者对来自国内35所大学的5855名大学生进行问卷调查发现，学校支持性环境能正向预测大学生的学校认同；[4] 还有研究者对抑郁大学生进行实验研究，表明学校支持特别是教师支持与朋友支持干预训练能有效缓解抑郁大学生的负性情绪，提升他们的心理健康水平。[5]

其次，学校支持对教师群体的职业生涯规划能力、科研意识、工作满意度、职业幸福感等变量具有正向影响。有研究者基于教师专业发展理论，对延边地区的267名小学教师进行问卷调查，表明学校支持对教师职业生涯规划能力具有良好的预测作用，共同愿景、组织支持、合作文化支持、同伴支持、制度支持等各个维度分别能解释教师职业生涯规划能力总体的变异量的17.2%～76%。[6] 学校内外部的支持因素，如科研氛围、科研团队、制度保

[1] 吴伟炯.中小学教师心理资本及其相关因素研究[D].广州：广州大学，2011：73-76.

[2] 王艳.乡镇初中教师专业发展的学校支持研究[D].开封：河南大学，2019：48.

[3] 张诚，于兆宇.经济增长与物流发展关系的实证研究——基于协整分析和状态空间模型[J].科技管理研究，2012，32（6）：222-225.

[4] 赵必华，周元宽.大学生学校认同影响因素的多层线性模型分析[J].复旦教育论坛，2019，17（4）：56-63.

[5] 胡义秋，刘正华.抑郁大学生心理健康的干预研究：不同类型学校支持的差异化影响[J].湖南师范大学教育科学学报，2019，18（5）：120-125.

[6] 王荣雪.延边地区小学教师职业生涯规划能力与学校支持相关研究[D].延吉：延边大学，2014：43-47.

障和科研培训等可以显著地正向影响教师科研意识的提高。[1]特殊教育教师的学校支持感、工作满意度与职业幸福感具有显著的正相关，他们的学校支持感能正向预测其工作满意度与职业使命感。[2]学校支持服务体系中专业培训、参与管理和开放包容的氛围对青年教师教学创新有显著的积极影响，其中参与管理的积极影响效应最为明显。[3]学校支持氛围能够显著正向影响特殊教育教师的职业幸福感和积极心理品质，学校支持氛围对特殊教育教师的职业幸福感产生积极影响，这种影响既可以通过积极心理品质的中介作用实现，也可以直接对其职业幸福感产生影响。[4]可见，学校支持对学生或教师心理和行为的影响是领域内研究的焦点问题。

（二）关于教师专业发展的研究

联合国教科文组织和国际劳工组织于1966年发布《关于教师地位的建议》，首次以官方文件的形式提出应把教师工作看作一门专业，确立了教师作为一种职业的地位。20世纪60年代末，美国学者费朗斯·富勒（Fuller）编制的《教师关注问卷》被认为是教师专业发展相关问题较为系统研究的开始。20世纪90年代至今，教师专业发展在教育改革和发展中的重要地位日益成为人们的广泛共识，越来越多的研究者开始关注并深入探讨教师专业发展对教育质量和学生成长的重要作用。在美国和欧洲教育相关的实验和实地研究领域中，教师专业发展已逐渐成为最为活跃和富有前景的研究主题之一。经过文献梳理和分析发现，教师专业发展的研究主要集中在其内涵研究、发

---

[1] 赵新亮，刘志刚.提升教师科研意识的学校支持策略研究——基于北京市中小学的实证调查[J].现代中小学教育，2022，38（10）：70–75.

[2] 赵小云，薛桂英，徐丽丽.特殊教育教师的学校支持感、职业使命感与工作满意度的关系[J].贵州师范大学学报（自然科学版），2019，37（2）：109–113.

[3] 刘胜男，郭嘉欣，赵新亮.学校支持服务体系对乡村青年教师教学创新的影响机制研究[J].教师教育研究，2022，34（1）：78–85.

[4] 王崇高，张金波，王雁.学校支持氛围与特殊教育教师职业幸福感：积极心理品质的中介作用[J].现代特殊教育，2021（12）：9–17.

展阶段和影响因素三个方面。

1.教师专业发展内涵研究

文献梳理发现，学者对教师专业发展的内涵界定可以概括为两个主要方面。一是将教师专业发展视为任何促进教师信念、态度、知识和课堂实践的活动过程。如英国著名学者克里斯托夫·戴（Christopher Day）提出，教师专业发展是教师通过自然的学习体验以及有意识、有计划地进行旨在提高课堂教学质量和个人专业素质的活动，而这些活动可以更新和提升教师已有的专业知识和技能，对教师个体、群体以及学校产生直接或间接的益处。教师专业发展是一个有目的、系统的和持续的正式和非正式的教育过程，可以在工作环境或工作之外的环境中进行。教师在教学职业生涯的每个阶段实施专业实践，持续掌握必备知识和技能。二是将教师专业发展视为教师专业成长、自我发展的过程。例如，法蒂赫（Fatih）认为，教师专业发展涵盖了专业技能和专业知识发展的所有过程，是通过适应一生中不断变化的技术和生活条件来自我发展的过程。

教师专业发展是教师个人在专业理念、教学态度、教学技能和知识涵养等方面的成长，意味着教师所教授学科知识的不断拓展、技能的提高以及效能感的增强，教师成为一个把工作提升为专业的人。教师专业发展是一个促进教师教学变革、专业成长的机会，同时他们的个人和社会情感得以发展。还有学者认为教师专业发展应包含五层含义："一是对教师实施专业培训，改进教学技巧；二是学校通过改革，营造有利于教师成长的氛围，提高学校教育效果；三是促使教师深化对其工作的理解，不单单为了提高教学成果；四是有效利用最新的教研成果，进而改进学校教育；五是专业发展本身就是一种目的，让教师在一种被支持、尊重的良性氛围中实现专业成长。"

国内学者对教师专业发展的界定也各不相同，比较有代表性的有：叶澜等学者指出教师专业发展就是教师在教学实践中不断更新、演进和丰富自己的内在专业结构，获得专业成长的过程。[1]有学者提出了教师本位的教师专

[1] 叶澜，白益民，王枫，等.教师角色与教师发展新探[M].北京：教育科学出版社，2001：199-345.

业发展观，突出教师自我在教师专业发展中的主体价值，认为教师专业发展是教师个体在专业知识、技能、情感、自主性、价值观和专业发展意识等方面逐渐提升，逐步达到教师专业标准的过程。[1] 教师专业发展是教师个人主动意识的驱动下，通过参与教育培训等辅助途径，不断完善和提升自身的专业知识、能力和信念系统的过程。[2] 刘义兵教授在总结前人研究的基础上，对教师专业发展进行了较为全面的论述，他认为教师专业发展是指："教师在国家相应制度范畴内，以专业知识为基础，以教育实践技能和教育研究能力为依托，以职前教育与职后培训为保障，以积极的情感投入与高尚的伦理道德为内在标杆，以职业道德为自觉约束，以合作探究为导向，以教师专业自觉为动力，提升专业素养，深化专业品性，努力使教师的教育情怀、专业伦理、专业能力、实践智慧等获得持续发展的过程。"[3]

基于国内外学者对教师专业发展的概念界定，可以归纳出教师专业发展的内涵主要包括三个核心要点：一是教师作为专业人员，需要不断提升自己，是持续的学习者、发展中的人；二是专业发展是提升教师整体专业水平，教师专业成长的过程（教师教育）；三是教师个体内在素质（知识、技能、理念等）不断提高的过程，这个过程贯穿教师职业生涯，具有连续性、动态性和发展性。

2.教师专业发展的阶段研究

20世纪60年代美国著名学者富勒（Fuller）提出教师专业发展阶段理论以来，世界各国的学者开始从不同的学科视角、运用不同的研究方法对教师专业发展的过程进行研究，形成了各种不同的观点，其中费斯勒（Fessler）、斯德菲（Stetty）、休伯曼（Huberman）、叶澜等人的观点最具代表性。

费斯勒借用社会学的研究方法，从生命自然老化过程的角度研究教师专业发展，提出教师生涯循环理论，将教师职业的发展分为职前期、职初期、

---

[1] 宋广文，魏淑华.论教师专业发展[J].教育研究，2005（7）：71-74.

[2] 季诚钧，陈于清.我国教师专业发展研究综述[J].课程·教材·教法，2004（12）：68-71.

[3] 刘义兵.教师专业发展[M].北京：高等教育出版社，2017：9-11.

能力构建期、热情和成长期、职业挫折期、职业稳定期、职业消退期和职业离岗期八个阶段。[1] 斯德菲根据访谈、调查等方法，建立了教师生涯发展模式，将教师发展分为预备生涯、专家生涯、退缩生涯、更新生涯和退出生涯五个阶段。休伯曼等通过对瑞士教师的调查研究，提出了教师职业周期主题模式，将教师职业发展分为入职期、稳定期、实验和歧变期、重新估价期、平静和关系疏远期、保守和抱怨期、退休期这七个阶段。

我国对教师专业发展阶段的研究始于20世纪八九十年代，王秋绒将教师的发展分为职前师资培育、实习教师和合格教师三个阶段，每一阶段又分为三个时期。[2] 叶澜等人通过对每个阶段教师“自我专业发展意识”与“自我更新”取向的描述，将教师专业发展分为非关注阶段、虚拟关注阶段、生存关注阶段、任务关注阶段和自我更新关注阶段。[3] 申继亮等人认为教师在专业发展的各个阶段具有不同的任务和特征，发展的阶段性特征以教师的职称为标志，教师的发展总体上可以分为学徒期、成长期、反思期和学者期四个阶段。[4] 还有学者提出了“三段论”，教师专业发展经历三个阶段：初级阶段（教师刚加入队伍，关注班级管理和教育教学实施），调整阶段（寻求适合不同学生需要的新教学方法和技巧）和成熟阶段（拥有丰富的教学经验，注重学生需求和个性化的教学方法）。纵观各种教师专业发展阶段理论，可以看出大量研究均重视教师专业发展的阶段性特征，且主要从两个角度来展开研究：一是侧重于教师理念、知识、能力等方面的发展；二是侧重于与教师年龄（教龄）有关的职业生涯发展。[5]

---

[1] 费斯勒，克里斯坦森.教师职业生涯周期——教师专业发展指导[M].董丽敏，等，译.北京：中国轻工业出版社，2005：40-42.

[2] 王秋绒.教师专业社会化理论在教育实习设计上的蕴意[M].台北：师大书苑有限公司，1991：7.

[3] 叶澜，白益民，王枬.教师角色与教师发展新探[M].北京：教育科学出版社，2001：283-294.

[4] 申继亮，费广洪，李黎.关于中学教师成长阶段的研究[J].天津师范大学学报（基础教育版），2002，3（3）：1-4.

[5] 林可.论教师的专业发展与环境支持[J].中南民族大学学报（人文社会科学版），2006，26（S1）：271-272.

3.教师专业发展的影响因素研究

在教师发展的过程中，影响其专业发展的因素纷繁复杂，梳理和了解这些因素，能够为广大教师群体提供借鉴，从而优化教师的专业成长路径，通过多种渠道促进教师专业水平的提升。通过梳理相关文献，总结出影响教师专业发展的关键因素，这些因素可以从两个方面进行探讨：一是教师自身因素（如教师的认知水平、教育信念、知识结构等内部因素）和专业发展环境（如教师政策、学校文化、学校管理制度、校长领导风格、教师社会地位等外部因素）；二是教师专业发展的时段（如师范教育前阶段、师范教育阶段、入职阶段、在职阶段等）。教师专业发展会经历不同的发展阶段，教师在不同发展阶段面临的主要任务和主要挑战也会有所不同，影响教师专业发展的因素随着专业发展阶段的不同而各异。其中刘洁、刘义兵、王建军、格拉特霍恩、费斯勒等人的研究比较具有代表性（见表1–2）。

表1–2　影响教师专业发展的因素

提出者	影响教师专业发展的因素	
费斯勒（1992）	组织环境	学校管理风格、学校制度、成员间信任度、工会、专业组织等
	个人环境	关键事件、生活危机、个人性格、业余爱好、生命阶段等
格拉特霍恩（1995）	生活工作相关	社区、社会、学校及其制度、教师、教学小组
	特殊活动相关	临床指导等
	个人相关	认知发展、自我发展、生涯发展、品德发展、人际发展等
教育部师范教育司（2003）	师范教育前	生活经验、人格特质、关键人物、价值取向、教师社会地位和收入水平、家庭经济状况
	师范教育	学校的硬件设施、课程、学生角色、教学环境、班级氛围、同伴群体、社团生活、师范生的社会背景
	任教后	教师的生活环境、同辈团体、教师的社会地位、学校环境、学生

续表

提出者	影响教师专业发展的因素	
王建军（2004）	个人特质	生活背景、教育观念、专业发展态度和动机水平
	社会环境特质	学校文化导向、组织支持性
	应对措施特质	专业发展活动
刘洁（2004）	社会因素	教师的职业吸引力、教师社会地位、教师资格制度、教师培训制度、教师评价制度
	学校因素	校长、管理风格、教师文化氛围
	个人因素	教师工作态度、教育信念、能力素养、知识结构、从业动机、专业发展的意识与需要
刘义兵（2017）	环境因素	社会期望、教师社会地位、教师政策、教师教育体制、学校文化、校长与学校管理制度、教师专业发展组织、校本培训
	个人因素	教育信念、心理品质、知识结构、人际关系、家庭背景、重要他人、教育实习
张忠华（2017）	初任教师	职业认同、教育信念、反思与学习意识、管理制度、在职培训与进修、学校组织文化
	熟手教师	人格特征、专业技能、心理素质、角色模糊与冲突、经济收入、评价体系、校园文化、社会压力
	骨干教师	教育信念、自主发展意识、教师能力、个性结构、学习交流的机会、学校管理制度、工作任务、家庭成员的支持、教育政策导向
	专家教师	动机、自主性、自主能力、反思能力、学校、家庭、社会、关键期、关键事件、关键人物
李健、卫倩平（2020）	政策层	各级各类教育政策、条例、法规
	组织文化层	学校管理风格、校园文化、教师教研活动及其氛围、班级文化等
	个人层	自我意识、态度、情感、意志、理念、价值观、反思、终身学习

续表

提出者	影响教师专业发展的因素	
埃罗克鲁阿（2021）	与学校相关	绩效评价、高工作负荷和缺乏时间、行政人员和同事的态度
	个人相关	财务问题、家庭和健康问题、职业倦怠
	在职培训相关	对培训的态度、培训时间与地点、课程内容与数量、培训师
	其他因素	专业发展的机会、家庭的态度、学生对学校的态度

资料来源：根据相关文献整理。

（三）学校支持对教师专业发展的影响研究

近年来，研究者越来越重视学校支持在教师专业发展中的作用，针对不同的教师群体展开了相关研究。有学者指出学校领导的管理理念落后，教师的培训学习得不到足够的支持，教师的教研活动也被忽视；且学校对教师的考核和评价制度不科学，削弱了特教教师自我发展的动力，对其专业发展产生负向影响。

研究表明，学校支持与小学教师职业生涯规划能力存在显著的正相关关系，学校支持正向预测教师职业生涯规划能力。[1] 在教师自身具备发展动力和意识的情况下，学校支持成为促进教师专业发展的主要力量，[2] 学校应根据教师在不同发展阶段的具体需求，改进学校支持体系，为教师专业发展提供适宜的帮助。

基于学校支持对教师专业发展的重要影响，学者从不同的视角提出了优化学校支持以促进教师专业发展的路径。有学者在分析教师专业发展困境的基础上指出，学校要从支持环境、保障机制、合作文化和发展机构四个方面

[1] 王荣雪.延边地区小学教师职业生涯规划能力与学校支持相关研究[D].延吉：延边大学，2014：44.

[2] 于鸿雁，高雁，等.教师专业发展的影响因素分析及策略研究[J].教学与管理，2010（30）：20-21.

为教师提供支持。[1]有学者提出可通过以下途径改善教师专业发展的学校环境：管理人员树立民主的领导作风和工作姿态，创设一种关心教师发展的融洽氛围；关心教师的需求，提供物质和精神上的支持；建立既有科学性又能激励教师的评价体系；关注教师的专业发展需求，创造发展平台。[2]此外，学校要构建新型学习环境，将人工智能融入学校教育，以需求导向装备智能技术环境，利用人工智能促进教师专业发展。[3]还有学者针对不同教师群体的专业发展，提出改进学校支持的策略，如以高校教师为研究对象，从学校管理、学校制度、学校文化等角度提出促进高校教师发展的学校支持策略；[4]针对小学教师，提出学校要通过创造条件和鼓励各类校本教研活动，做好物质保障，注重形成合作型的教师团队来加强教师专业发展的条件性支持；[5]针对乡村新教师，提出学校对教师专业发展的支持存在“路径依赖”现象，与新教师的需求不相匹配，要注重满足教师的需求和改善学校支持的方式；[6]针对初中青年教师专业发展，提出了引导型、合作型和整体型的学校支持系统的策略。[7]综上所述，学者普遍认同教师专业发展离不开学校的各种支持，学校支持是提升教师专业发展水平的重要途径，并据此从物质、文化、制度等角度提出了优化学校支持的策略，以推动教师专业发展。

---

[1] 乔桂娟，韩霄.论我国高校教师专业发展的现实困境与学校支持策略[J].教师教育论坛，2017（9）：49–51.

[2] 李金钊.论教师专业发展的社会支持系统[J].思想理论教育，2005（17）：59.

[3] 黄荣怀，李敏，刘嘉豪.教育现代化的人工智能价值分析[J].国家教育行政学院学报，2021（9）：8–15.

[4] 唐俊莉.高校教师发展的学校支持研究[D].大庆：东北石油大学，2017：28–43.

[5] 高俊霞.农村小学教师专业发展影响因素及对策——以河北省遵化市小学教师为例[J].现代中小学教育，2013（3）：59–63.

[6] 杨宝忠，孟晶.杨思垠.基于乡村新教师专业发展需求的学校支持研究[J].中小学教师培训，2016（12）：1–5.

[7] 余明涛.初中青年教师专业发展现状及其学校支持系统研究——以成都S学校为例[D].成都：四川师范大学，2012：23–32.

二、关于特殊教育教师专业发展的研究

20世纪90年代之后，中西方研究者逐渐将研究的重心从教师“如何教”转向“如何学”，[1] 教师专业发展的相关研究随之增多。特殊教育教师因教育对象的特殊性和教学手段的复杂性，对特殊教育专业知识和技能的需求尤为迫切，关注特殊教育教师专业发展尤为重要。下面主要从特殊教育教师专业发展的总体趋势、内涵、现状、影响因素四个方面进行综述分析。

（一）特殊教育教师专业发展研究总体趋势

30年来，越来越多的国内外学者开始关注并深入研究特殊教育教师专业发展问题，相关成果逐渐累积。从文献数量和研究热点角度展开分析，在一定程度上可以反映特殊教育教师专业发展研究的总体趋势。

1.特殊教育教师专业发展的文献数量分析

为了系统探讨特殊教育教师专业发展研究的热点和趋势，研究采用文献计量分析方法对特殊教育教师专业发展的相关文献进行可视化分析。为保证文献样本的代表性和科学性，将CNKI数据库和Web of Science数据库作为数据检索平台，以“主题词 =‘特殊教育教师专业发展’、‘特殊教育学校教师’ or ‘特教教师’ and ‘专业发展’，文献类型=‘论文’”为条件，除去重复记录，得到文献357篇；以“文献类型=‘article’，主题词=‘special education teachers’ or ‘special school teachers’ or ‘teachers of special education’ or ‘special educators’ and ‘professional development’”为条件，除去重复记录，得到1160篇英文文献。

从图1–1可以看出，1990—2022年国内外特殊教育教师专业发展领域的发

[1] 毛齐明.教师学习从日常话语到研究领域[J].华东师范大学学报（教育科学版），2010，28（1）：21–27.

文数量整体呈曲线上升趋势。其中1990—2008年关于特殊教育教师专业发展的研究较少，年均发文量不足10篇；2009年开始国内外关于特殊教育教师专业发展的研究均开始增多，处于稳步上升阶段。其中，国外关于特殊教育教师专业发展的研究从2015年开始进入爆发期，年均发文量突破100篇。整体上看，20世纪末和21世纪初学者对特殊教育教师专业发展的关注度较低，近10年来越来越多的学者开始对特殊教育领域展开深入研究，特殊教育教师专业发展的相关研究呈现良好发展的态势（见图1-1）。

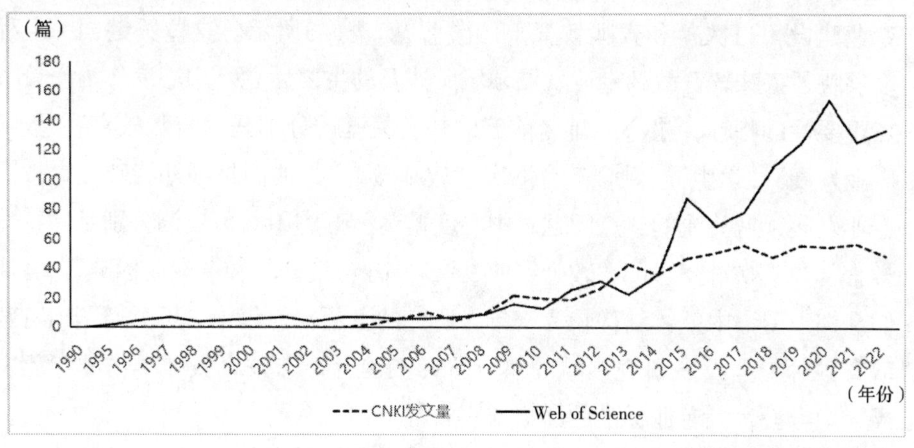

图1-1 国内外特殊教育教师专业发展研究发文数量

2.特殊教育教师专业发展研究的高频关键词分析

关键词是对文献内容的高度概括与提炼，能够诠释与表达研究的主题。基于共词分析法，在文献信息中提取关键词频次高低分布，可以分析出某一领域的发展动态和研究热点。[1] 为了解特殊教育教师专业发展领域的研究热点问题，绘制出关键词的可视化图谱（见图1-2），其中外文图谱共有556个节点，2932条连线；中文图谱中共有296个节点，544条连线。在关键词共现网络中，节点越大则代表关键词词频越高，并且和主题的相关性越强；节点

[1] 祁灿，周小李.我国公民教育研究的话题演进及前沿动态——基于科学知识图谱分析[J].社会科学论坛，2020（6）：149-159.

间的连线表示两个关键词之间有着共现关系，且连线的粗浅代表着二者共现关系的强弱。[1]

在关键词共现网络中，排名前十位的外文高频关键词依次是教师专业发展（249次）、特殊教育（164次）、学生（148次）、融合教育（84次）、教师教育（67次）、知识（61次）、学校（59次）、干预（51次）、教学（47次）和合作（35次）；排名前十位的中文高频关键词依次为特殊教育（103次）、特殊教育教师（69次）、教师专业发展（43次）、专业化（31次）、特殊教育学校（23次）、特殊教育专业（16次）、融合教育（15次）、专业标准（12次）、专业建设（11次）和教师教育（10次），如表1–3所示。这些关键词一定程度反映了特殊教育教师专业发展领域所涉及的主要话题。中心度作为衡量节点重要性的指标，中心度排名前五的外文关键词分别是“特殊教育”“教师专业发展”“学生”“融合教育”和“教师教育”，他们是国外特殊教育教师专业发展领域关注的热点问题；中心度排名前五的中文关键词分别是“特殊教育”“特殊教育教师”“教师专业发展”“融合教育”和“专业标准”，且他们在知识图谱中整体结构较为密集，研究的主题较为集中。可见，国内特殊教育教师专业发展研究领域的热点研究主题有特殊教育教师本位的专业发展、融合教育、专业标准的建立与实施等。

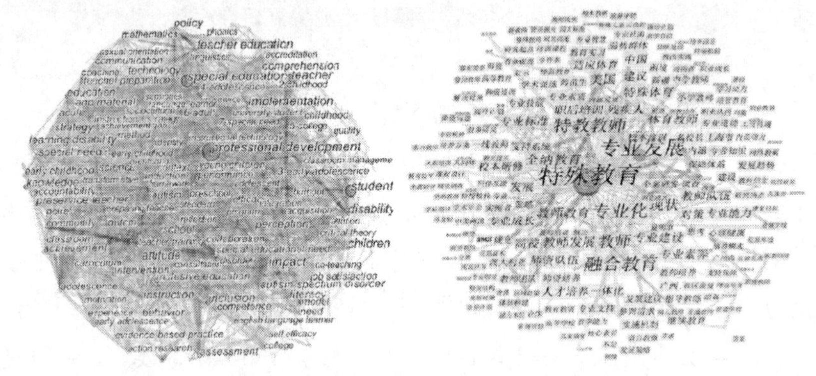

图1–2 国内外特殊教育教师专业发展研究关键词共现图谱

[1] 杨萌，薛海平，高翔.改革开放四十年来我国基础教育课外补习研究回顾与展望——基于Citespace的可视化分析[J].教育经济评论，2020，5（1）：50–66.

表1-3　Web of Science和CNKI数据库中特殊教育教师专业发展领域高频词（前10）

序号	高频词	频次	中心度	高频词	频次	中心度
1	Professional development	249	0.11	特殊教育	103	0.54
2	Special education	164	0.12	特殊教育教师	69	0.48
3	Student	148	0.11	教师专业发展	43	0.27
4	Inclusive education	84	0.08	专业化	31	0.12
5	Teacher education	67	0.07	特殊教育学校	23	0.09
6	Knowledge	61	0.05	特殊教育专业	16	0.13
7	School	59	0.06	融合教育	15	0.19
8	Intervention	51	0.02	专业标准	12	0.14
9	Instruction	47	0.04	专业建设	11	0.05
10	Collaboration	35	0.03	教师教育	10	0.04

资料来源：根据 CiteSpace 软件统计结果整理。

依据Web of Science 数据库和CNKI数据库关键词的知识图谱，对国外和国内特殊教育教师专业发展的研究主题进行比较，可以发现特殊教育教师专业发展研究领域多次出现“特殊教育教师”“教师专业发展”“融合教育”“教师教育”等关键词，这反映了国内外特殊教育教师专业发展领域的研究热点聚焦于教师的专业成长和专业发展，特殊教育师资的培养受到各国的重视。两者的不同点在于：国外对特殊教育教师专业发展研究更多关注教师本体，即教师自身的专业理念、专业知识、教学技能等；而国内特教教师专业发展的研究更加重视教育政策（制定专业标准、建立教师教育体系等）、特殊教育学校等外部因素对特殊教育教师专业发展的影响。

3.特殊教育教师专业发展研究的突变词分析

国外特殊教育教师专业发展研究突现率较高的突变词有“干预”“目

标”“职前教师”“教育咨询”“师资培养”“专业发展”等，突现率依次为3.70、3.50 、3.27、3.11、2.68、2.56。国内特殊教育教师专业发展研究突现率较高的突变词有“融合教育”“特教教师”“特殊教育学校”“专业标准”“现代特殊教育”“个案研究”“现状”等，突现率依次为3.87、3.74、2.65、2.55、2.27、2.21与2.15。国内外特殊教育教师专业发展研究排名前十的突变词均持续到2022年，说明学者对这些研究问题的兴趣持续不减，这些主题是当前甚至是未来特殊教育教师专业发展研究的热点（见图1–3）。

排名前 10 的突变词

关键词	年份	突显率	开始年份	结束年份	1990—2022 年
特教教师	1990	3.74	2006	2022	
现代特殊教育	1990	2.27	2007	2022	
特殊教育学校	1990	2.65	2008	2022	
专业建设	1990	1.97	2009	2022	
专业化	1990	1.88	2011	2022	
残疾人	1990	1.89	2012	2022	
专业标准	1990	2.55	2014	2022	
个案研究	1990	2.21	2016	2022	
现状	1990	2.15	2016	2022	
融合教育	1990	3.87	2018	2022	

Top 10 Keywords with the Strongest Citation Bursts

Keywords	Year	Strength	Begin	End	1990 - 2022
consultation	1990	3.11	1997	2022	
intent	1990	3.5	2004	2022	
young children	1990	2.7	2013	2022	
professional development	1990	2.56	2013	2022	
belief	1990	2.86	2014	2022	
implementation	1990	2.7	2014	2022	
context	1990	2.77	2015	2022	
professional training	1990	2.68	2015	2022	
preservice teacher	1990	3.27	2016	2022	
intervention	1990	3.7	2016	2022	

图1–3　国内外特殊教育教师专业发展研究前10个突变词

（二）特殊教育教师专业发展的内涵研究

尽管越来越多的学者对特殊教育教师专业发展的兴趣逐渐增加，但大多学者仅将教师专业发展的概念扩展到特殊教育领域，并没有深入解构和剖析特殊教育教师专业发展概念本身。有学者基于融合教育理念，倡导打破特殊教育教师与普通教师两者之间的界限，构建具有中国特色的融合教育教师队伍，进一步指出教师专业素质结构包括专业智能、专业情怀、专业理念与专业规范四个部分。[1–2] 但更多学者认为，特殊教育教师的工作对象特殊、工

[1] 陈小侠，申仁洪.特殊教育教师专业化标准及发展模式的研究述评[J].中国特殊教育，2008（4）：65–69.

[2] 孟万金.全纳教育理念下教师专业素质及专业化标准研究[J].中国特殊教育，2008（5）：13.

作内容复杂、专业性强，特殊教育教师还要具备崇高的专业道德和人道主义服务精神、复合型知识结构和综合型能力结构等专业发展内涵，据此对特殊教育教师专业发展进行了界定。王雁和肖非指出特殊教育教师不仅要具备一名普通教师所需要的专业知识和能力，还需要满足特殊教育独特的专业要求，特殊教育教师专业发展是指特殊教育教师通过持续的专业训练，不断习得专业知识，具备从事特殊教育教学、教育康复实践的专业能力以及特殊教育的专业情怀，实现专业自主，成为一个良好的特殊教育工作者的专业成长过程。[1] 赵巧云提出，特殊教育教师专业标准是促进其专业发展的前提，特殊教育教师专业发展是一个基于特殊教育职业的专业性以及特殊教育教师专业标准而努力提升自身素质的过程。[2] 盛永进认为，特殊教育教师专业发展是特殊教育教师作为专业人员，通过不断学习、研究和实践，不断夯实专业知识、提高专业技能与更新专业理念，由初涉行业到相对成熟的专业发展历程。[3] 张雪莉等人在教育信息化的背景下，提出特殊教育教师专业发展是特殊教育教师借助信息技术的支持，通过行动研究、参加培训和教学反思等方式不断提高专业素质，追求专业成熟，促使自身信息化教学知识、教育情意和教学能力不断提升的过程。[4] 综上所述，特殊教育教师的专业发展既具有普通教师发展的共性，又具有自身职业的特殊性，其内涵包括特殊教育的“专业性”和特殊教育教师的“专业化”两层含义。

（三）特殊教育教师专业发展现状的研究

在进行特殊教育教师专业发展的现状研究时，学者普遍采用了问卷调查和访谈等方法，对全国范围内或特定区域内的特殊教育教师进行抽样调查研究。譬如，杨广学和杨福义采用分层随机抽样和整群抽样相结合的方式，对

[1] 王雁，肖非.中国特殊教育教师培养研究[M].北京：北京师范大学出版社，2012：238−273.

[2] 赵巧云.我国特教教师专业化发展标准刍议[J].中国特殊教育，2009（4）：14−18.

[3] 盛永进.特殊教育学基础[M].北京：教育科学出版社，2011：104−198.

[4] 张雪莉，程振林，张会会.信息环境下西部特殊教育教师专业发展问题研究——以甘肃省为例[J].当代教育与文化，2016，8（6）：42−48.

全国126所特殊教育学校的3485名专任教师进行了调查，研究发现特殊教育学校教师专业准备不足，六成教师从业之前未修读过特殊教育；特殊教育教师对专业知识和技能的掌握情况有待提高，有五分之一的特殊教育教师没有接受过新任教师培训即直接上岗；特殊教育教师参与培训的课时、频率偏低，对技能培训的需求较为迫切；特殊教育教师学历培训以大专和本科为主，取得学位的人数少。[1]有学者使用问卷调查法，抽取河北省15所特殊教育学校的教师展开调查，发现教师专业发展整体上呈良好态势，但特殊教育理论知识与康复训练能力均需加强；教师的教育理念、专业道德、个性特征良好，但心理健康状况需引起重视。[2]有学者利用自编问卷对湖南省234名特殊教育教师进行调查，结果发现教师专业发展起点较高，但特殊教育专业学历培训不足；教师专业道德、教育理念良好，但教师专业和理论知识较为缺乏，能力发展存在不平衡的情况；欠缺对专业发展有利的反思性写作、课题研究、同行交流等非正式学习活动。[3]有学者采用问卷及访谈法调查了安徽省56所特殊教育学校1498名教师的专业发展现状，发现特殊教育教师存在学历水平偏低，参加培训机会较少且针对性不强，科研意识和能力欠缺、专业认同感不足等现象。[4]还有学者以甘肃省26所特殊教育学校380名教师为对象，采用问卷与访谈相结合的方式展开调研，结果发现甘肃省特殊教育师资力量较为薄弱；培训缺乏针对性和可持续性，继续教育机制不配套；专业能力较为薄弱，学生差异带来较大的工作困扰；得到的专业支持、情感支持不足，工作满意度偏低。[5]

美国学者库克（Cooc）利用教师教学国际调查（TALIS）中38个国家121173名教师的数据进行分析，结果发现：许多国家都存在特殊教育师资不

---

[1] 杨广学，杨福义.中国特殊教育教师专业发展状况调查与政策分析报告[M].上海：华东师范大学出版社，2014：53–73.

[2] 赵巧云.河北省特殊学校教师专业化发展现状调查与分析[J].中国特殊教育，2009（6）：38–43.

[3] 陈芳，傅朝晖.湖南省特教教师专业发展的现状及其分析[J].当代教育理论与实践，2011，3（10）：10–12.

[4] 郭启华，孙常青.安徽省特殊教育教师专业发展现状调查[J].中国特殊教育，2012（4）：60–64.

[5] 马书采，李莉莉.甘肃省特殊教育教师队伍现状调查研究[J].中国特殊教育，2018（2）：70–76.

足的问题，包括日本、荷兰、挪威、意大利、芬兰、美国等；近50%的学校缺乏具有特殊教育教学能力的教师；在38个国家中有27个国家将特殊教育教师专业发展作为优先事项；特殊教育教师专业发展需求较高的国家有巴西、墨西哥、日本、韩国、塞尔维亚等；参与更多残疾学生教学工作的教师，对其专业发展的需求更高。沙特阿拉伯学者阿尔加赞尼（Algahtani）对特殊教育教师开展访谈，结果发现大多数特殊教育教师工作压力较大，对自身专业发展有较强的需求，希望能够获取更多的在线学习资源与专业指导。

纵观国内外学者对特殊教育教师专业发展现状的研究，可以发现目前存在一些共性问题：一是特殊教育教师的总体学历水平不高，专业素质偏低，专业知识和专业技能亟需提升；二是培训机会相对较少且缺乏针对性、持续性，致使培训效果不佳；三是大量特殊教育教师对专业发展有较强的需求，但特殊教育学校并未落实落细相关政策要求，对教师专业发展的支持不足。

（四）特殊教育教师专业发展的影响因素研究

特殊教育教师专业发展是特殊教育教师通过不断学习，获取专业知识，提高专业技能，提升专业理念和师德，逐渐成为一个良好的特殊教育工作者的专业成长过程，这一过程受到学校、经济、政策等外部因素和自主意识、动机、信念等内部因素的共同作用。因此，研究者们对特殊教育教师专业发展研究的影响因素主要从外部环境因素和内部因素两个方面来展开。

外部环境因素是特殊教育教师专业发展的重要助推力量，学者主要关注政策和学校两个层面。例如，《关于加强特殊教育教师队伍建设的意见》《残疾人教育条例》（2017年修订）、《第二期特殊教育提升计划（2017—2020年）》等条例、文件对特殊教育学校教师专业发展的权利、义务、时间、条件、经费等作出了规定，文件要求将特殊教育教师的职前专业培养、职中和职后专业培训系统整合，逐步形成专业发展路径，[1]优化特殊教育教师继续

[1] 王雁.强化特殊教育教师专业发展[J].中国特殊教育，2014（2）：20-21.

教育的制度环境，[1] 为教师的专业发展提供坚实的制度保障。特殊教育学校是教师专业成长的沃土，学校支持对教师专业发展具有巨大的促进作用。有学者提出特殊教育学校应当制定相应的制度，为教师专业发展提供支持保障，如保障教师参加培训的时间和经费，实行“学历+职称”双重激励等措施，尽可能为特殊教育教师创造良好的继续教育环境。[2-3] 有学者根据当前信息环境的背景提出，各特殊教育学校应加强学校网络平台的建设，切实保障特殊教育教师校本培训与校本教研的顺利开展；通过开展网络培训和网络教研工作，借助信息环境提高教师专业发展的效益。[4] 也有学者认为，特殊教育学校可积极拓宽合作渠道，通过与一些教育机构、高等院校以及相关学术组织紧密协作，搭建促进特殊教育教师专业成长的学校平台；营造科研氛围，提高教师的科研能力，并加强互助关爱的校园文化建设，为教师发展提供情感支持和环境保障。[5-6]还有学者提出特殊教育学校应关心教师身心健康，培养教师良好的心态，减轻压力；建立多元发展评价机制，纵向评估教师专业发展水平，在此基础上建立长效激励机制，以推动教师专业发展。[7-8]

内部因素是教师对专业发展的主动追求，是专业发展的源泉和动力。有学者指出特殊教育教师要善于自主学习，主动抓住学习机会，向书本学习、向校内外的同行学习、向自己的学生学习，通过主动研究特殊教育理论，不断总结教学经验，探索教学方法，提高教学能力和科研水平，不断提升和充

[1] 张玉红，宿淑华.新疆特殊教育教师继续教育现状调查研究[J].中国特殊教育，2015（3）：51–58.

[2] 艾述华.国内特殊教育教师专业发展研究综述[J].中国特殊教育，2013（2）：27–30.

[3] 陈芳，傅朝晖.湖南省特教教师专业发展的现状及其分析[J].当代教育理论与实践，2011，3（10）：10–12.

[4] 张雪莉，程振林，张会会.信息环境下西部特殊教育教师专业发展问题研究——以甘肃省为例[J].当代教育与文化，2016，8（6）：42–48.

[5] 马书采，李莉莉.甘肃省特殊教育教师队伍现状调查研究[J].中国特殊教育，2018（2）：70–76.

[6] 郭方玲.山东省特殊教育学校教师专业发展的现状与思考[J].中国成人教育，2017（7）：142–144.

[7] 张胜利，贾君，李慧.吉林省特殊教育教师队伍现状调查报告[J].中国特殊教育，2014（12）：60–65.

[8] 贺荟中，李卓辰.我国特殊教育教师专业发展研究现状[J].教学与管理，2013（12）：12–15.

实自己，使自己适应特殊教育专业化发展的要求。[1]赵巧云指出，特殊教育教师要有自己意识，认清自身对特殊教育工作的责任，明确专业发展的意义与需要，唤醒主体意识，促进特殊教育教师专业化发展。[2]王雁等学者认为，特殊教育教师应有角色意识，定位好自身角色，可从专业化学习者、支持性环境创建者以及行动研究者等角度践行专业发展，根据特殊需要学生的具体需求采取相应的措施来提升自身的专业化水平。[3]特殊教育教师的长远发展依赖于自身内心坚定的专业追求信念，教师应树立终身教育理念，及时更新专业知识，成为一名终身学习者。还有学者根据布朗芬布伦纳的生态系统理论，提出了特殊教育教师专业化发展支持系统的理论模型，[4]将专业反思、自我决定、专业实践、教学、行动研究等特殊教育自我支持归属于微观系统，微观系统直接影响教师专业发展，强调教师个人努力是教师专业化道路的内在动力。总之，内部因素是特殊教育教师专业发展的根据，外部环境因素是特殊教育教师专业发展的条件，外因通过内因而起作用，外部环境因素和内部因素共同作用于特殊教育教师的专业发展。

三、关于工作投入的研究

（一）工作投入的概念

工作投入（work engagement）一词早期表示员工参与并投入工作的一种心理表征，被视为自我投入（ego involvement）的一种概念。洛达尔和凯纳（Lodahl 和 Kejner）综合生活兴趣和自我投入两个概念，提出工作投入包含

[1] 谈秀菁.教师专业化：聋校实现课程改革目标的基石[J].现代特殊教育，2007（4）：11–13.

[2] 赵巧云.河北省特殊学校教师专业化发展现状调查与分析[J].中国特殊教育，2009（6）：38–43.

[3] 王雁，朱楠，唐佳益.专业化视域下我国特殊教育教师专业发展思考[J].现代特殊教育，2015（5）：3–7.

[4] 邱举标，彭艳君，张宇.特殊教育教师专业化研究述评[J].郑州师范教育，2018（3）：21–24.

两个方面的含义：一是工作投入表示个人工作绩效影响其自尊的程度；二是工作投入是指个人对工作的重视程度，包括对工作任务的认同和对自我形象的影响。卡努戈（Kanungo）认为，工作投入代表了个人对目前工作的认知和信念，以及该工作能够满足个人目前需求的程度。卡恩（Kahn）于1990年将工作投入概念化以后，工作投入一直受到学者的青睐，国内外学者进行了广泛的研究，并提出许多不同的见解。

依据卡恩的观点，工作投入是组织成员全面融入工作角色，将个人精力投入组织任务中，在工作中充分表现自我的一种状态。工作投入的个体致力于将自身的经验与资源，应用并持续性地表现在工作上，倘若员工获得良性回馈时，其敬业精神将被激发。工作投入和工作倦怠可以被视为两个极端对立面，工作投入越高，则个体越是有精力进入工作状态，且与同事相处融洽；反之，倘若工作倦怠度越高，不仅容易出现耗竭感，在同事的人际关系上也易处于疏离状态。肖费里和巴克尔（Schaufeli 和 Bakker）对工作投入的定义比较具有代表性，他认为工作投入是一种正向体验，即个体能够全神贯注地投入工作任务之中。工作投入作为组织成员对于工作的热情度、满意度和投入度，表现为员工在工作过程中全神贯注地投入工作角色，展示个体对工作的心理认同程度和个人形象的重要性。工作投入也被视为一种与工作相关、充满积极、充实的心态，其特征是充满活力、具有奉献精神和全神贯注。充满活力表现为员工在工作时精力充沛，愿意投入大量精力到工作任务中；奉献精神体现在员工对自己从事的工作充满热情、义务感、自我感和挑战感；全神贯注体现在员工专心并快乐地投入工作中，他们难以脱离当前的工作。近年来有学者指出，工作投入是员工参与组织决策，参与跨学科协作，以及继续专业成长的动力和自主性，那些工作投入的员工有着良好的工作动机，享受沉浸工作的过程，乐于完成组织安排的工作任务。[1]综上所述，工作投入不仅是外显的行为表现，更是在完成工作任务中所展现出的一种积极状态，当个体进入高度集中的工作模式时，他们往往会自发地延长工

[1] 翁清雄，杨惠，曹先霞.科研人员职业成长、工作投入与工作绩效的关系[J].科研管理，2017，38（6）：144-151.

作时间，以确保任务的完成，这种自我驱动的投入体现了对工作的热忱和责任心，个体愿意付出额外的努力以追求工作目标的实现。本书认为工作投入是指特殊教育教师认同自己工作的重要性，乐于花费时间投入工作和角色中，专注于工作内容，通过行动表达其对特殊教育工作及学校的认知和情感。

（二）工作投入的结构和测量

有关工作投入的结构与测量，卡恩、希罗姆、肖费里与里奇等学者的研究最具代表性。卡恩认为，工作投入是个体把自身的生理、认知、情感资源"投资"于工作的结果，工作投入的个体表现为：生理方面，积极主动参与到工作任务中；认知方面，保持着谨慎、专注的状态；情绪方面，能够展示自己在工作中的感受、思想、创造力和价值。国内有学者依据个体的行为状态，将工作投入划分为生理、认知和情感三个维度。[1]哈特（Harter）通过对企业员工实施深度访谈，提出工作投入主要包括两个维度：态度和行为，其中态度是员工内心希望将工作做好的热忱和渴望；而行为是员工认同自己所在的组织，愿意投入时间和精力到工作中，并希望通过工作上的付出，进而取得成就。肖费里等人认为，工作投入是个体能以奉献、专注、活力等状态投入工作任务之中，他们根据这些工作状态，逐渐开发出Utrecht工作投入量表（Utrecht Work Engagement Scale，UWES）以测量工作投入的具体表现情形。UWES包括活力、奉献与专注三个维度，大量相关研究验证了量表的信效度。2006年，肖费里和巴克尔等人又对UWES进行缩减，得到了只有九道题的简版量表（UWES-9），受到了学者的广泛应用。UWES使用的是Likert式七点计分方式，"是目前应用最为普遍的测量工作投入的工具"[2]。希罗姆根据活力—工作投入模型编制了SMVM 量表，包括体力、情感能量和

[1] 赵轩维，夏恩君，李森.网络众包参与者创造力影响因素研究[J].科研管理，2019，40（7）：192-205.

[2] 张光磊，谢琦，陈丝璐，等.基于链式中介的非体面工作感知对员工工作投入的影响研究[J].管理学报，2021，18（12）：1790-1797.

认知活力三个维度，分别有五、四和五个项目，其内部一致性系数分别为0.95、0.88、和0.72。里奇等（2010）针对企业员工的工作投入进行维度建构，编制了包括身体投入、情感投入和认知投入三个维度的测量工具，每个维度六道题目，共18个题项，采用Likert式五点计分方式用于工作投入的测量，问卷具有良好的信效度。

（三）工作投入的影响效应

工作投入的影响效应如何呢？回顾文献发现，过去的30年来，许多学者因工作投入对组织绩效具有积极效应，而对工作投入产生了浓厚的研究兴趣，关于工作投入结果变量的相关研究快速增长，发现工作投入是不少变量的重要影响因素。工作投入对结果变量的影响主要集中在个体与组织两个层面。对个体而言，员工若有高度的工作投入将会对工作充满热情，愿意花费更多的精力和时间在工作任务上，进而沉浸在其中，展现出很高的工作效率；反之，则容易感到倦怠，工作效率也随之降低。工作投入能够显著提升员工个人的工作绩效、心理资本、工作幸福感和减弱离职倾向，从长期来看还会对个体能力的提高起到促进作用。此外，国内外学者发现工作投入可通过中介效应模型对结果变量产生影响，如实证研究表明工作投入对员工知识共享具有正向影响，工作投入在工作资源与知识共享之间起中介作用；[1]乡村教师工作投入正向影响教学自主权和专业发展能动性，工作投入在教学自主权与专业发展能动性之间起部分中介作用；[2]幼儿园教师工作投入正向影响工作满意度，工作投入在工作家庭促进与工作满意度的关系之间发挥着独立中介作用，且工作投入和心理资本在工作家庭促进与工作满意度之间发挥

[1] 王勇，韦志飞，王利.工作资源、工作投入对知识共享影响的实证研究[J].科技管理研究，2012，32（24）：150-153.

[2] 王晓丽，齐亚静，姚建欣.乡村教师教学自主权对专业发展能动性的影响：工作投入的中介作用[J].中国特殊教育，2018（11）：92-96.

着链式中介作用；[1]还有学者以尼日利亚高校的400名工作人员为对象，发现工作投入在职场欺凌、人力资源管理和离职意愿之间发挥着中介作用。

在组织层面，工作投入的员工不仅有较高的绩效，还有较高的组织公民行为，这种行为未规定于员工的工作角色义务中，而是员工主动作出的有利于组织绩效的行为，提高了组织功能的有效性。研究发现，高度工作投入的员工能够及时发现工作中的不足、产生创造性的想法，帮助组织节约资金，同时也愿意积极与他人合作。[2]诺伯（Neuber）通过元分析发现，工作投入及其维度与任务绩效之间呈显著正相关，组织中成员会将自身良好的工作投入状态传递给同事，带动同事有更好的绩效表现，从而对组织绩效的提升产生影响。还有研究发现，工作投入会正向影响组织承诺，即工作投入的员工，更愿意为组织付出时间和精力，积极参与组织的活动，对组织有较高的认同度和忠诚度。

四、关于心理资本的研究

（一）心理资本的概念

2004年，美国管理学会前主席路桑斯（Luthans）创造性地将积极心理学思想延展到组织行为学领域，提出心理资本（psychological capital）概念，将心理资本视为个体成长和发展过程中一种积极的、可测量、可开发的心理状态或心理能量，具体包括效能、乐观、希望和韧性四个维度，引发了管理学、社会学、经济学、心理学等领域学者的广泛关注。传统的经济资本关注个人或企业拥有什么资源，人力资本重视个人在该领域的经验和智慧，社会

---

[1] 卢长娥，罗生全.幼儿园教师工作家庭促进与工作满意度的关系：心理资本和工作投入的多重中介效应[J].学前教育研究，2021（5）：59-74.

[2] 杨洋，苏莹莹，李仲秋，等.未来清晰一定会导致工作投入吗?系统视角下的定性比较研究[J].管理评论，2022，34（1）：191-204.

资本重视人际关系，心理资本是对自己所拥有的特质或资源的探索和发现，心理资本概念超越了人力资本和社会资本，关注“你是谁”和“你能成为什么样的人”[1]，心理资本具有长期性、累积性和独特性，可以因学习或教育而被提升，在工作或组织场域中获得竞争优势。心理资本的有效开发与管理能为组织和国家经济的可持续增长提供原发性动力，“全球有数以千计的研究和应用项目，在探究心理资本及其对改善个体、群体、组织效力的帮助”（见图1–4）。

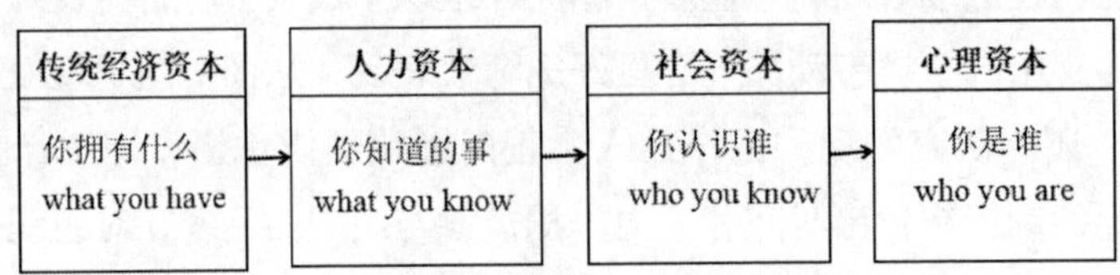

图1–4 资本的相关概念

不同学者对心理资本的概念提出了自己的理解，具有代表性的观点有四种：一是将心理资本视为一种积极的心理状态，如路桑斯等学者认为心理资本是个体在成长和发展过程中表现出来的一种积极心理状态，心理资本作为动机性的核心心理要素，是由多种因素构成的，是个体在特定情境下对任务、绩效和成功的一种正向态度。在组织场域，心理资本是个体工作中展现的一种积极心理状态，可促进个人发展和绩效提升；[2]二是将心理资本视为一种心理特质，特质论的学者认为心理资本可以增强个体效能感，使之有信心执行与完成具有挑战性的工作，面对困难和挫折时，能够愈挫愈勇，继续坚持，展现出坚韧不拔的特质；三是将心理资本视为一种心理资源，这类学者认为心理资本是指个体在职场中表现出的一种积极的、发展的心理状态，是个体感觉到希望、适应力、乐观、自我效能的整合，是使个体成长和绩效

[1] 徐海波，丁三青.中层干部心理资本对组织公民行为与工作绩效的影响机理——不同高校场域内不同领导类型的调节作用[J].江苏高教，2021（5）：48–57.

[2] 古家军，吴君怡.新创企业员工间高质量关系影响失败学习的机理研究[J].科研管理，2020，41（5）：164–171.

提升的一种心理资源。[1]具有较高心理资本（心理资源）的个体往往表现出积极的组织行为和良好的工作表现；四是将心理资本视为心理资源和心理状态的综合体，如路桑斯和尤塞夫–摩根（Luthans 和Youssef–Morgan）将心理资本定义为一种积极的心理状态和综合心理素质，具有高水平心理资本的个体有信心从事有挑战性的工作，能对成功作出积极的归因；遇到困境时能够进行自我管理，克服困难、解决问题，展现出坚毅的韧性精神。

从国内外学者对心理资本的界定可以看出，心理资本的内涵至少包括了三个核心要点：一是心理资本强调个体积极的心理力量，是一种积极的心理状态或资源；二是心理资本同时具有状态性（可开发与管理）和特质性（相对比较稳定）两种特点；三是心理资本是能将员工潜力转化为现实能力的重要工具，对个体态度、行为和绩效产生显著影响。

（二）心理资本的结构和测量

首先，关于心理资本的结构，学者戈德史密斯（Goldsmith）从特质论的角度出发，提出心理资本是单维的，个体的自尊就是心理资本。而后路桑斯等人依据状态论，提出了三维结构说，认为心理资本主要由希望、乐观、韧性构成；但获得学界广泛认可的是心理资本的四维结构说，包括希望（hope）、乐观（optimism）、自我效能（efficacy）、韧性（resilience）四个维度，并得到了大量实证研究的证实。自我效能是个体面对困难时的自信状态，希望是个体达成目标的意志力和找到解决问题方法的能力，乐观是个体从积极的角度做预期结果，韧性是个体面对挫折和压力时的修复能力。这四项因素是符合积极组织行为学标准的心理资源，它们综合起来就成为相互作用的高阶核心构念心理资本，整体（心理资本）大于部分（乐观、希望、韧性和自我效能）之和。

目前，学者普遍认同心理资本是动态和变化发展的，没有固定的维

[1] 闫艳玲，周二华，刘婷.职场排斥与反生产行为：状态自控和心理资本的作用[J].科研管理，2014，35（3）：82–90.

度，如同经济学领域的经济和财政指标一样，心理资本除了现有的要素之外，很可能还有额外的指标，如创造力（creativity）、福流（flow）、心智知觉（mindfulness）、感恩（gratitude）、情绪智力（emotional intelligence）、宽恕（forgiveness）和勇气（courage）等，符合积极组织行为学的标准的心理要素均可纳入心理资本的维度中（见表1–4）。

表1–4　心理资本的四个维度

维度	意涵
自我效能（efficacy）	个体在特定情境中为了完成特定的行为，调动自己的动机、认知资源和实施行为的信念
希望（hope）	一种积极的动机状态，并以自主性（意志力）和路径交互驱动的成功感为基础
乐观（optimism）	一种把消极事件解释为外部、短暂和特定情境因素，而把积极事件解释为个人持久因素的归因方式
韧性（resilience）	一种从逆境和失败中迅速恢复状态，从积极事件、成功的经历中获得动力和能量的能力

资料来源：Luthans F.（2015）。

其次，关于心理资本的测量方法，现有研究主要使用的是自我报告式的问卷或量表。心理资本是一种形成性测量模式（formative measurement model），2005年路桑斯等人将希望、乐观和韧性这三个积极心理品质的量表结合起来，构建了积极心理状态量表，用于测量个体的积极心理状态，然后使用该量表对制造业员工进行施测，表明量表具有良好的信度。路桑斯等（2007）通过实证研究将心理资本的四个维度操作化和测量，采用斯奈德等（1996）的希望状态问卷（State Hope Scale）来测量希望，斯奇尔和卡弗（1985）的生活取向测验（Life Orientation Test）来测量乐观，布洛克与克莱门（1996）的自我韧性量表（Ego–Resiliency Scale）来评量韧性，帕克

（1998）自我效能量表（Self-Efficacy Scale）来测量自我效能。[1]删减、整合各个量表的题项后，每个心理资本成分分别对应6个条目，形成心理资本问卷（Psychological Capital Questionnaire，PCQ-24），问卷得分越高代表心理资本水平越高，“PCQ是目前西方乃至全世界使用最广泛的一套心理资本测量工具”。[2]有学者用测量学方法从PCQ-24中选取了4个希望条目、3个韧性条目、3个自我效能条目和2个乐观条目，形成了简版心理资本问卷（PCQ-12），题项示例如下：“如果我在工作中遇到困难，我可以想出很多解决办法”（希望）；“在我的工作领域，我有信心设定目标”（自我效能）；“我通常能够应对工作中的压力”（韧性）；“我总是从积极的角度看待工作方面的事情”（乐观）。

为了克服问卷法存在的局限性，有学者尝试采用观察法、内隐测量和专家评定等多元方法来测量心理资本。如哈姆斯和路桑斯开发的内隐心理资本量表（I-PCQ）可以有效减少社会赞许性和说谎倾向，并成功地应用于越来越多已发表的研究中。不难发现，目前心理资本的结构维度和测量方式呈现出多元化发展的势头。

（三）心理资本的影响效应

关于心理资本对其他变量的影响，学者早期主要应用直接影响效应模型，探究心理资本单独对个体、组织层面结果变量的作用。随着心理资本研究的深入，越来越多的学者开始探讨心理资本与各种结果变量之间的复杂关系。在这些研究中，中介效应模型、调节效应模型和动态效应模型是理解心理资本影响机制的重要工具。中介效应模型认为心理资本通过影响一些中介变量来间接影响个体的工作态度、工作绩效、心理健康水平和组织行为等结

---

[1] 余民宁，陈柏霖，汤雅芬.大学生心理资本量表编制及其相关因素之研究[J].教育研究与发展，2012，8（4）：19-52.

[2] 熊猛，叶一舵.心理资本：理论、测量、影响因素及作用[J].华东师范大学学报（教育科学版），2014，32（3）：84-92.

果变量；调节效应模型认为心理资本是通过调节作用来影响结果变量的；[1]动态效应模型认为心理资本与相关结果变量之间存在相互作用和相互影响，这种影响会因时间和空间的变化而发生动态变化。[2]

大量实证研究支持心理资本对各种结果变量的积极影响效应。例如，研究发现，心理资本可以提高个体的自我效能感、乐观情绪和希望感，从而激发个体的创造力和对问题的解决能力。心理资本可以促进个体对求职过程的积极态度和乐观情绪，提高求职成功的可能性。积极心理资本与员工创造力、主观幸福感之间存在显著的正相关关系。

除了态度、个性、动机、行为和年龄等个体层面的因素，学者重点关注心理资本在人力资源管理中的作用，考察其对员工工作绩效、态度和行为的影响，如心理资本及乐观、韧性等维度对员工的工作满意度、工作绩效、组织承诺的积极影响，对离职意向、旷工的消极影响。有纵向研究也进一步支持心理资本是绩效和幸福感的一个预测因子。埃维（Avey）等人对当时的51项心理资本研究进行了元分析，表明心理资本不仅能有效提高组织成员的组织承诺、工作满意度和幸福感，提升员工的主观、客观职业成功和组织公民行为，还可以减少员工的工作压力、工作焦虑、职业倦怠和玩世不恭等异常行为。除了工作相关变量，心理资本也能预测个体健康和满意度的关系，以及生活领域中的客观结果，如与家庭和朋友相处的时间、体重指数和胆固醇水平。还有学者进一步总结了心理资本对结果变量影响效应的潜在机制，解释心理资本和每一个受实证支持的结果变量之间的关系，包括一些能有效建构这些理论主张的文献（见表1–5）。

---

[1] 范楠楠，叶宝娟，倪林英，等.家庭功能对大学生网络利他行为的影响：有调节的中介模型[J].中国临床心理学杂志，2020，28（1）：185–187.

[2] 李颖玲，朱锦鸿.心理资本理论研究评述[J].科技管理研究，2011（8）：203–208.

表1-5　心理资本的结果变量和内在理论机制

结果变量	机制	参考文献示例
绩效	效能：自主性、自我决定、选择目标 希望：目标设定、应急计划、实践力	Luthans，Avolio et al.，2007
	乐观：积极评价、乐观解释风格	
	韧性：有效应对、恢复并反弹	
满意度	积极评价、主观感受	Luthans et al.，2013
承诺	需要的现实、应允	Avey et al.，2011
幸福感	重要生活领域的满意度、积极情感	Luthans et al.，2013
	记忆留存	Youssef and Luthans，2013
	减轻负面过程和负面偏差资源理论	Avey et al.，2011
	丰富性、多样性	Sheldon et al.，2013
	目标追寻和进展	Diener et al.，2009
健康	自主性、主动行为	Luthans et al.，2013
	自主性、可塑性、好交际、适应力	Youssef-Morgan et al.，2013
	大脑结构、大脑功能	Davidson et al.，2012
关系	社会资源、情绪感染	Luthans et al.，2013
	自主性、可塑性、好交际	Youssef-Morgan et al.，2013
自我发展	自主性的工作行为	Paterson et al.，2014
公民行为	拓展和建构、组织功能	Avey，Luthans and Youssef，2010
偏差行为	韧性和应对、行为规范	Avey，Luthans and Youssef，2010
玩世不恭	积极情绪、消极情绪、自主性、生活态度	Avey，Luthans and Youssef，2010
压力/焦虑	吸引—选择—磨损	Baron et al.，2014
	积极评价、应对、认知资源	Avey et al.，2009
离职意向	积极预期、韧性、反弹、适应力	Avey，Luthans and Youssef，2010

资料来源：根据Luthans F.（2015）整理。

2009年，韦斯特（West）等学者从个体心理资本结构引申出团体心理资本的结构，包括团队效能、团队乐观、团队韧性三个维度。2010年，当心理资本从员工拓展到领导和下属，学者看到延展心理资本分析水平的必要性和迫切性，开始探究它在多个或跨层次分析中的应用，越来越多的研究开始在团队、集体水平分析心理资本的影响效应，还有研究采用组织层面的心理资本分析水平。例如，梅米利（Memili）等学者发现组织心理资本可能在形成以家庭为中心的集体承诺与经济、非经济绩效之间的关系中发挥重要作用；麦肯尼（McKenny）等人发现组织层面的心理资本与组织随后的财务绩效密切相关；瓦伦布瓦（Walumbwa）等学者证实领导心理资本是员工心理资本与工作绩效之间跨层次的调节变量。心理资本不仅与组织绩效有关，研究还表明心理资本也会影响组织中的个体功能。

通过运用多层次、跨层次分析，阐明心理资本整合到更高层次分析的适切性，让组织科学地评估如何将有限的资源用于个人、团队或组织层面心理资本的开发，从而更加充分地利用人力资源。总体而言，现有研究主要关注同一层次不同因素影响效应的存在性和效应差异上，较少有研究深入探讨不同类型或不同层次影响因素之间的交互效应以及影响效应发生的中介机制和边界条件。[1]

五、文献评析

（一）学校支持研究评析

学校支持作为一个在实践领域中广泛应用的概念，似乎是没有新意的“老问题”。但实际上，国内外关于学校支持的理论和实证研究并不多。直到

---

[1] 向松柏，林宛儒，冯惠敏.基于知识图谱的国际心理资本研究回顾与展望[J].应用心理学，2022，28（1）：20-31.

21世纪初期，随着教育范式的转化和学校办学自主权的落实和扩大，学者才逐渐开始重视学校支持在教师和学生发展中的作用，这在一定程度上导致了学校支持的研究起步较晚、研究较少。目前关于学校支持的研究主要分为三类。一是针对某一特定群体分析和构建学校支持体系，如智能时代中小学教师专业发展的学校支持体系[1]、脑瘫学生学校支持系统[2]、工科生的学校支持体系[3]、残疾人高等教育学校支持体系的建构与完善[4]。二是学校支持体系某一子系统的建构与完善，如教师心理健康的学校支持系统[5]、贫困学生就业的支持体系[6]、学生创业支持体系[7-8]等。三是关注学校支持体系中的某些维度对于教师与学生发展的影响，如学校资源条件与学生成绩之间存在显著的相关关系；[9]经济资助可以通过学生对专业的认同感、学生的学业参与以及学校归属感等中介变量，间接作用于学生的学业成就，学校支持与教师的幸福感、社会适应、学习承诺及学校认同紧密相关；支持性的学校氛围是提高教师绩效水平的最具影响力的因素之一。

通过文献梳理与分析，可以发现学校支持研究在以下几个方面有待深入探讨。一是学校支持的概念和结构有待厘清。当前学者多根据研究问题，从物质和精神两个层面对学校支持进行界定，并不完全适用于解释教师专业发展的学校支持问题。已有研究从不同的角度对学校支持的维度进行了划分，学校支持的结构各不相同。由于没有统一的外延和边界，学校支持的结构难

---

[1] 吴军其，王薇.智能时代中小学教师专业发展的学校支持研究[J].教育研究与实验，2021（4）：83-87.

[2] 罗乐，向友余.脑瘫学生学校适应与学校支持系统的相关研究[J].中国特殊教育，2011（7）：18-22.

[3] 项楚瑶.学校支持对工科生学习效果的影响研究——基于华中科技大学SSLD的分析[D].武汉：华中科技大学，2016：1-62.

[4] 刘金荣.残疾人高等教育学校支持体系研究[J].长春大学学报，2014（9）：1271-1275.

[5] 李一卓.教师心理健康的学校支持系统研究[D].上海：华东师范大学，2009：1-64.

[6] 王振其，曾献功，李忠.地方高校贫困学生就业支持体系研究初探[J].管理观察，2009（10）：138-140.

[7] 李娜.民办高校本科学生创业支持体系研究[J].中国市场，2015（17）：98-99.

[8] 毛文学.高职学生创业平台与服务支持体系研究[J].当代经济，2014（2）：114-116.

[9] 田亚惠.中小学学校资源条件对学生学业成绩的影响[D].南京：南京师范大学，2020：59-60.

免出现维度的重合甚至混乱，如将学校支持分为共同愿景、合作文化支持、同伴支持、制度支持、组织支持。针对特殊教育教师专业发展，从组织支持的概念出发，厘清学校支持的概念和结构，是本书研究开展的前提。二是学校支持的理论基础有待加强。通过文献检索发现，目前学校支持的研究积累还较为薄弱，直接的理论和实证研究较少。在研究学校支持相关问题时，学者往往缺乏对理论基础的重视，未选择合适的理论视角进行切入，致使学校支持研究往往难以找到学理性的依据，缺少了进一步研究的内部活力，研究不够深入。三是学校支持对结果变量的影响效应有待明晰。已有研究开始关注学校支持在教师专业发展中的作用，探讨了学校支持与教师的职业幸福感、内部动机、学习承诺和学校认同等因素的相关性，并发现学校支持是教师专业发展的关键因素。那么，学校支持"如何"影响特殊教育教师专业发展呢？两者的关系中又存在哪些中介变量呢？这些问题使学校支持与特殊教育教师专业发展之间的关系还未得以明晰，有必要采用实证研究的方法，建构学校支持影响特殊教育教师专业发展机制的理论模型，并收集调研数据对模型及假设进行验证。

（二）特殊教育教师专业发展研究评析

从20世纪90年代开始，教师专业发展理论迅速发展，逐步成为教育学领域的研究热点。国内外有关特殊教育教师专业发展研究成果也随之增多，从2009年开始相关文献数量快速增长，呈现出良好的发展态势。学者围绕特殊教育教师专业发展的相关政策、理论与实践展开了大量研究，并涌现出不少有重要意义的研究成果。未来特殊教育教师专业发展研究可以从以下两个方面入手来不断深化和完善。

首先，丰富特殊教育教师专业发展的研究内容。国内现有研究较多关注特殊教育教师专业发展的现实状态，即特殊教育教师专业发展的现状、影响因素、存在的问题与解决策略。未来的研究可进一步探索以下三个方面的内容。一是对特殊教育教师专业发展的前因变量展开深入分析。关于特教教师专业发展的前因变量，现有研究主要探讨了政策、学校、大数据、人工智能等环境因素和年龄、职称、教龄、学历等人口学变量，以及自主意识、动机、信念个体内部因素等对教师专业发展的影响。但这些前因变量究竟如何作用于特殊教育教师专业发展？这样深入的研究极为缺乏。二是探究学校支持对特殊教育教师专业发展的影响机制。学校是“教师专业发展的基地”，学校支持如何影响特殊教育教师专业发展？其影响路径是什么？有哪些中介变量？这些问题均有待进一步考察。三是探究特殊教育领域教师教育政策法规，完善特教教师专业发展的保障机制。教师教育政策应着眼于教师综合素养的提升，保障教师继续教育的权益，全方位地为教师专业发展提供坚实的制度基础，营造良好的教育环境，从而增强特教教师的职业吸引力，提高其社会地位，让特殊教育教师“留得住”“教得好”。

其次，拓展研究视角，开展跨学科研究。从已有研究看，学者主要从教育学的角度对特殊教育教师专业发展展开研究，研究视角较为狭窄。特殊教育教师专业发展研究要敢于打破学科壁垒，充分运用心理学、管理学、社会学等多学科的理论，多视角、多维度进行思考和探究，以避免单一视角的片面性和局限性。因此，本书从社会交换理论的视角考察学校支持与特殊教育教师专业发展的关系，利用社会学扎根理论研究方法的思想和编码方式，建构学校支持影响特殊教育教师专业发展路径的理论模型，利用组织行为学中的心理资本理论探索特殊教育教师的希望、乐观、自信等积极心理品质在专业发展中的作用机制与培育途径，利用管理学中组织支持理论探寻特殊教育教师专业发展的激励措施等。坚持跨学科多维视野，综合运用多学科的研究成果和方法，以期从宏观上系统地对特殊教育教师专业发展展开更深入的研究。

（三）心理资本和工作投入研究评析

通过梳理文献发现，心理资本的研究内容从简单的因果关系向作用机制拓展。心理资本结果变量和前因变量也不断丰富，从单一的人力资源管理领域拓展到教育、心理健康等领域。心理资本能作为一个中介或调节变量，作用于其他变量之间，如在个体和环境因素对相关态度、行为和绩效等因变量发生影响时发挥中介或调节作用。大量实证研究表明，企业员工、护士、教师等群体的心理资本与工作投入具有正相关关系，那么特殊教育教师心理资本与工作投入之间的关系如何？心理资本作为一种提升个体工作绩效和组织竞争力的积极心理资源，直接影响着教师对教学的投入、对各专业发展活动的参与度，以及专业成果的产出效果，正向预测教师的工作绩效。那么特殊教育教师心理资本与专业发展之间的关系如何？学校支持是否通过心理资本的中介路径影响特殊教育教师专业发展？这是本书将要探讨的问题。

国内外学者对工作投入开展了大量的研究，有关工作投入的前因变量、结果变量或将其作为中介变量的研究均已有了不少研究成果。除了对工作投入的概念界定及测量外，影响工作投入的因素以及工作投入带来的结果仍然是此领域的焦点问题，与工作投入有关的结果变量主要包括离职倾向、创新行为、工作满意度、工作绩效、组织公民行为、幸福感等，大量研究发现员工的工作投入作为中介变量，无论是对个人还是对组织均能带来积极正面的影响。[1-3]依据社会交换理论的观点，特殊教育教师的工作投入是为了与学校组织进行某种形式的利益交换，特教教师对付出的工作投入和获得的报酬之间交换关系的评估，从而可能会产生不同的行为结果。那么，特殊教育教师专业发展与工作投入之间有何关系？学校支持是否通过工作投入的中介路径影响特殊教育教师专业发展？对心理资本和工作投入的中介作用进行深入探究，可能是打开学校支持与特殊教育教师专业发展关系的“黑箱”的关键。

（四）文献总评

综上可知，已有学者的研究为本书奠定了良好的研究基础，为开展学校

---

[1] 宋孜宇，高中华.“张弛有度”方创新有力——教练型领导与员工创新行为关系的双调节模型[J].经济与管理研究，2020，41（4）：132-144.

[2] 李巧灵，赵君哲，乔诗绮，等.不同社交媒体使用目的对员工工作绩效的影响机制[J].心理学报，2021，53（11）：1260-1270.

[3] 杨槐，龚少英，苗天长，等.工作—非工作边界管理一致性与高校辅导员工作满意度的关系：工作投入的中介作用[J].心理与行为研究，2021，19（6）：853-860.

支持对特殊教育教师专业发展的影响机制研究提供了重要的文献支撑和理论指导。通过归纳和分析以往文献，发现学校支持对特殊教育教师专业发展的影响机制研究主要存在以下理论研究缺口。一是学校支持的理论基础有待加强。学校支持的研究大多停留在日常话语阶段，学者往往缺乏对其理论基础的重视，相关研究未选择合适的理论视角进行切入，缺乏适切理论工具的关照，致使学校支持研究难以找到学理性的依据，直接的理论和实证研究较为有限，研究不够深入。二是学校支持对特殊教育教师专业发展的影响机制有待明晰。现有研究主要探讨学校支持与教师的幸福感、内在动机和学校认同等因素的相关性，把学校支持作为教师专业发展的前因变量单独研究，将学校支持作为教师专业发展的关键影响因素，并在“外围”谈论学校支持对教师专业发展的重要性及其改进和建议，但未涉及“机制”层面，尚未有研究构建学校支持影响特教教师专业发展的模型，探究学校支持“作用”发生的具体路径，也没有引入工作投入、心理资本等中介变量，将多个变量综合进行考虑，通过定性研究和定量研究相结合的方法探讨学校支持对特殊教育教师专业发展的作用机制。

为了弥补以上理论缺口，本书在已有文献的基础上，将学校视为典型的组织，以组织支持理论和社会交换理论为理论视角，采用质性研究设计，对特殊教育教师深度访谈，收集数据资料，在三级编码分析的基础上，建构学校支持对特殊教育教师专业发展影响机制的理论模型，并基于问卷调查，实证检验模型中学校支持的直接效应和心理资本、工作投入的中介作用以及两者的链式中介作用，揭示出学校支持作用于特教教师专业发展的直接路径和间接路径，从而明晰学校支持对特殊教育教师专业发展的影响机制。

第四节 研究内容

基于政策导向、现实诉求和理论缺口，本书从组织支持的角度探讨特殊教育教师专业发展与学校支持的关系问题。通过质性研究三级编码的方式建构学校支持对特殊教育教师专业发展影响机制的理论模型，然后利用问卷调查法收集数据对理论模型进行验证，将定性研究和定量研究结合起来，系统回答了以下问题：学校支持究竟如何影响特殊教育教师专业发展？其具体作用路径是什么？如何完善学校支持体系，促进特殊教育教师专业发展？研究内容主要包括四个部分。

一是学校支持对特殊教育教师专业发展影响机制的理论探讨。首先在文献综述的基础上，对学校支持、教师专业发展、特殊教育教师专业发展、影响机制的概念进行界定，确定了研究边界；然后系统梳理了本书的理论基础：组织支持理论和社会交换理论，并进一步论述了两个理论应用于本书的适切性。

二是学校支持对特殊教育教师专业发展影响机制的模型构建。本章采用质性研究设计，通过对特殊教育教师开展一对一的深度访谈，探寻学校支持环境下特殊教育教师专业发展的“轨迹”，在对访谈文本资料三级编码的基础上，建构学校支持对特殊教育教师专业发展影响机制的理论模型。根据组织支持的直接影响效应论和间接影响效应论，进一步阐释学校支持对特殊教育教师专业发展影响机制的理论模型，学校支持的直接关系路径和间接关系路径均会影响特殊教育教师专业发展。

三是学校支持对特殊教育教师专业发展影响机制的实证检验。基于学校支持对特殊教育教师专业发展影响机制的理论模型和文献分析，提出研究假设，明确研究变量的测量工具，开展信效度分析；接着发放问卷，运用相关分析、分层回归、Bootstrap等方法对回收的数据进行统计分析，检验学校支持对特殊教育教师专业发展的直接作用路径，心理资本、工作投入的中介作用及二者的链式中介作用路径；然后对检验的结果进行讨论，阐明学校支持对特殊教育教师专业发展的影响机制。

四是改进学校支持对特殊教育教师专业发展影响机制的建议。基于实证研究的结果和讨论，归纳与总结研究结论，依据学校支持对特殊教育教师专业发展的作用路径，有针对性地提出改进学校支持对特殊教育教师专业发展影响机制的策略，为完善学校支持体系，促进特殊教育教师专业发展提供理论参考。

第五节　研究方法与技术路线

一、研究方法

为克服单一方法的代表性、研究深度不足的问题，本书将采用定性与定量相结合的研究方法，使用多样来源的证据证明研究的论断。[1]研究按照问题提出—模型构建—实证检验—对策建议的思路展开，首先对相关领域的文献进行综述，寻找研究的理论缺口；其次对特殊教育教师实施深度访谈，收集文本研究资料，通过三级编码的方式建构学校支持对特殊教育教师专业发展影响机制的理论模型；然后实施问卷调查，收集定量研究数据；最后采用统计分析法分析数据，对建构的理论模型进行验证。

（一）文献计量法

文献计量法是指运用数学和统计学等计量方法分析文献之间的关联性，

[1] 约翰·克雷斯维尔，薇姬·查克.混合方法研究：设计与实施[M].游宇，陈福平，译.重庆：重庆大学出版社，2017：9–20.

以揭示某个研究领域的知识结构、发展趋势以及热点问题的研究方法。[1] 文献计量法具有客观性、定量化、模型化的研究优势，近年来在管理学、教育学等领域中得到了广泛应用，为这些领域基本问题的研究提供了独具价值的技术策略。[2]

CiteSpace、BibExcel、Pajek等是文献计量研究中常用的工具，[3] 其中CiteSpace以赖普斯的科学前沿理论、博特的结构洞理论为支撑，可以通过合作分析、共词分析等方式，形成多种类型、直观清晰、可读性强的知识图谱，具有良好的可视化效果，已成为国内外文献计量研究领域的主流工具。本书将CNKI和Web of Science数据库作为数据检索平台，运用文献计量工具CiteSpace对国内外特殊教育教师专业发展的文献进行知识图谱的可视化分析，通过文献数量、研究热点分析，一定程度上反映了特殊教育教师专业发展研究的总体趋势。

（二）调查研究法

调查研究法是通过在自然环境下提出问题并收集数据，以分析研究对象或变量之间关系的方法。它的研究内容广、研究对象宽、资料收集效率高，可以为研究人员提供既定课题的第一手材料和数据，作为分析问题的依据，在教育研究中发挥着重要作用。本书主要采用问卷和访谈的方式对特殊教育教师群体展开调查，收集相关研究资料。

1.访谈法

访谈法（interview）又称“晤谈法”，是指研究者与受访者进行对话来获取定性材料，进而分析受访者心理和行为模式的一种研究方法。质性访谈

[1] 李倩，于娱，施琴芬.基于知识图谱的国内外颠覆式创新研究对比分析[J].科技管理研究，2020，40（15）：9-19.

[2] 王文，王纾.学习投入研究的知识图景及趋势——基于科学引文数据库的分析[J].教育研究，2021（8）：78-91.

[3] 刘淑春.信用数字化逻辑、路径与融合[J].中国行政管理，2020（6）：65-72.

可以更加深入地了解研究对象在特定情境中的动机、态度、行为等深层次内容，可以获得更为具体、丰富的细节化研究材料，以帮助研究者更加深入地分析、理解所研究的问题。本书紧紧围绕“学校支持如何影响特殊教育教师专业发展”设计半结构化访谈提纲（详见附录六），在遵循自愿原则的基础上实施访谈（知情同意书见附件七），意图让访谈对象（特殊教育教师）回溯工作期间与学校的“互动”，回顾特殊教育学校对教师专业发展给予的支持性措施，挖掘学校支持对特殊教育教师专业发展的影响轨迹，深入探究学校支持影响特殊教育教师专业发展的机制，并建构两者关系的理论模型。

2.问卷调查法

问卷调查法是研究人员对具有代表性的受访者进行问卷调查收集资料，应用社会学统计方法进行量的描述和分析，实现研究目的的一种方法。[1]问卷调查法具有测量工具标准化、操作便捷性、调查过程规范性和结果处理标准化等特点。本书在建构学校支持影响特教教师专业发展机制的理论模型基础上，对样本省份的特殊教育教师发放调查问卷，回收调查数据，对明显不认真填答或题项答案缺失严重的问卷数据要给予剔除，以提高数据的可靠性。基于调查数据，实证检验学校支持对特殊教育教师专业发展的直接作用路径和心理资本、工作投入的中介作用路径，明晰学校支持对特殊教育教师专业发展的影响机制。

（三）统计分析法

统计分析法是指在数据处理和分析过程中，利用数理统计学的原理和方法进行分析的方法。在定量研究中，统计分析方法种类丰富，具有较强的适用性，其使用频次远超其他研究方法，是目前各类定量研究的基础。[2]

---

[1] 戴程.社群知识付费的使用、满足与忠诚：用户体验价值模型建构[J].现代传播（中国传媒大学学报），2020，42（12）：152-157.

[2] 邱均平，胡博，徐中阳，等.“数据智能”背景下的数据计量学研究方法体系构建[J].情报理论与实践，2022，45（9）：37-43.

本书主要使用SPSS 23.0、Mplus 8.3和AMOS 24.0等数据分析软件进行统计分析，主要包括：（1）描述性分析。本书主要通过频率分布、离散程度等指标对数据进行描述和概括，如通过计算样本的百分比，可以反映特殊教育教师的性别、教龄、地域等人口学特征；通过计算样本的均值和标准差，可以了解特殊教育教师的学校支持情况。（2）方差分析。本书运用单因素方差分析对样本在学校支持上的差异进行检验，可以了解不同年龄、职称、教龄、专业背景的特殊教育教师在学校支持方面的差异程度。（3）因子分析。本书运用探索性因子分析找出特殊教育教师学校支持的公共因子，揭示问卷的内部结构；运用验证性因子分析对已有的理论模型与数据拟合程度进行验证。（4）相关分析。本书通过计算学校支持、特殊教育教师专业发展、心理资本、工作投入的Pearson相关系数，初步探测研究变量之间的潜在关系。（5）回归分析。本书通过分析数据，建构学校支持及其维度和特殊教育教师专业发展之间关系的预测模型，依据回归系数及其显著性确定这些变量之间的关系。

二、技术路线

本书的研究技术路线如图1–5所示，主要根据“问题提出—模型建构—实证检验—对策建议”的逻辑思路展开，具体包括：（1）根据特殊教育教师专业发展的战略意义、现实困境，在文献分析的基础上发现现有研究的不足，寻找新的研究视角，提出拟研究的问题“学校支持对特殊教育教师专业发展的影响机制”；（2）通过访谈法探究学校支持与特殊教育教师专业发展之间的关系，在明确相关概念、编码分析访谈材料的基础上，建构学校支持对特殊教育教师专业发展影响机制的理论模型；（3）通过问卷调查收集数据，实证检验学校支持的直接效应，心理资本、工作投入的中介作用以及二者的链式中介作用，揭示出学校支持作用于特殊教育教师专业发展的直接路径和间接路径；（4）基于实证研究的结果，从制度、物质、文化、情感、专业五个方面系统构建学校支持体系，促进特殊教育教师专业发展。

文献研究
文献收集
文献分析
政策导向
实践牵引
理论缺口
问题提出
特殊教育教师专业发展的学校支持体系构建研究
半结构化深度访谈
内容分析
三级编码
访谈设计与实施
材料编码分析
理论饱和度检验
模型建构
学校支持影响特殊教育教师专业发展的理论模型
问卷调查与数据分析
描述性统计
回归分析
结构方程模型
研究变量测量
收集调研数据
进行数据分析
实证检验
学校支持影响特殊教育教师专业发展的实证检验
构建五位一体的学校支持体系
制度支持 专业支持 文化支持 物质支持 情感支持
对策建议
促进特殊教育教师专业发展

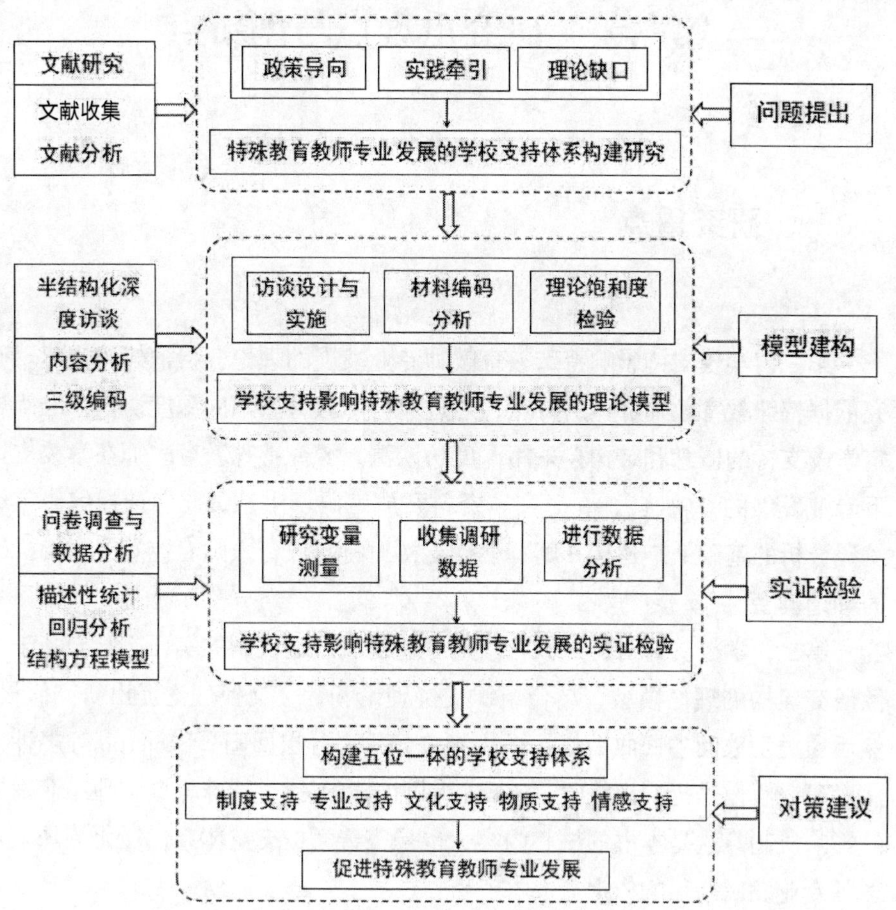

图1-5 研究技术路线

第六节 研究重难点与创新点

一、研究重点

第一，学校支持影响特殊教育教师专业发展的理论分析框架的构建。研究依据特殊教育教师群体的特点，通过对特殊教育教师的深度访谈，准确界定学校支持的概念和结构；采用深度访谈法，探究特殊教育教师在学校支持下专业发展的“轨迹”，在对文本资料开放编码、主轴编码、选择编码三级编码分析的基础上，建构并阐释学校支持对特殊教育教师专业发展影响机制的理论模型。

第二，学校支持对特殊教育教师专业发展影响机制的实证检验。基于质性研究建构的理论模型，结合组织支持理论和社会交换理论提出研究假设；然后通过发放问卷回收数据，运用相关分析、分层回归、Bootstrap等多种方法对研究假设进行实证检验，验证并阐明学校支持对特殊教育教师专业发展的影响机制。这是本书的核心内容，也是完善学校支持体系，优化特殊教育教师专业发展路径的依据。

二、研究难点

一是对学校支持影响特殊教育教师专业发展机制的访谈数据进行编码。本书需要对特殊教育教师实施深度访谈，收集原始文本材料，并对原始数据进行三级编码。根据访谈的文本资料，一步步归纳提炼出概念和范畴，然后找出这些概念间的关系并形成规范的理论模型，才能深入揭示学校支持如何影响特殊教育教师专业发展，阐明学校支持对特殊教育教师专业发展的影响机制。对访谈材料进行科学的编码，并建构学校支持对特殊教育教师专业发展影响机制的理论模型，需要较强的理论敏感性，这是研究的难点之一。

二是选择适宜的理论视角阐释学校支持与特殊教育教师专业发展的关系。要理解学校支持究竟如何作用于特殊教育教师专业发展，就需要依靠适宜的理论视角来解释其影响机制和过程。理论视角有助于厘清研究问题和目标，并提供指导研究设计和分析的框架。不同的理论对研究问题有不同的侧重点和解释方式，需要深入理解不同理论的观点和假设，选择最适宜的理论来阐释学校支持与特殊教育教师专业发展之间的关系，这是本书的又一个难点。

三、研究创新点

学校支持与特殊教育教师专业发展关系的研究，似乎是没有新意的“老问题”，学校支持对特殊教育教师专业发展的影响似乎已经不言自明。但实际上，目前关于学校支持的研究主要停留在日常话语阶段，直接的理论和实证研究并不多，且缺乏适宜理论工具的关照，相关研究未选择合适的理论视角进行切入，尚未涉及“机制”层面，研究不够深入和系统。据此，研究学校支持对特殊教育教师专业发展影响机制的创新点主要包含如下几个方面。

第一，本书建构了学校支持对特殊教育教师专业发展影响机制的理论模型。采用质性研究方法对特殊教育教师开展深度访谈，归纳学校支持影响特殊教育教师专业发展的“轨迹”，基于文本资料的编码分析，提炼了学校支持的结构维度，建构出学校支持对特殊教育教师专业发展作用机制的理论模型，并根据组织支持的直接影响效应论和间接影响效应论，对学校支持与特殊教育教师专业发展的关系进行理论诠释。

第二，本书推进了组织支持理论和社会交换理论在特殊教育领域的应用和发展。研究运用组织支持理论阐释学校支持与特殊教育教师专业发展的关系，拓展了组织支持理论应用的范围；基于社会交换理论对学校支持影响特殊教育教师专业发展的机制进行探讨，深化了社会交换理论研究的内容。且研究发现学校支持与特殊教育教师专业发展存在倒“U”形曲线关系，验证了组织管理中的“过犹不及效应”，丰富了组织支持理论的内涵，增加了来自特殊教育领域的证据。

第三，本书明晰了学校支持影响特殊教育教师专业发展的直接和间接作用路径。数据分析表明，直接路径为学校支持与特殊教育教师专业发展，学校支持与特殊教育教师专业发展存在显著的倒U形曲线关系，情感支持维度与特殊教育教师专业发展的倒U形曲线关系不显著。间接路径主要有三条：学校支持—工作投入—特殊教育教师专业发展，学校支持—心理资本—特殊教育教师专业发展，学校支持—心理资本—工作投入—特殊教育教师专业发展。

第四，本书提出了系统改进学校支持对特殊教育教师专业发展影响机制的策略。依据研究结果，本书提出如下策略：丰富物质支持，夯实特殊教育教师专业发展基础；加强情感支持，激发特殊教育教师专业发展动力；完善制度支持，确立特殊教育教师专业发展保障；强化专业支持，拓展特殊教育教师专业发展资源；增强文化支持，创建特殊教育教师专业发展氛围；聚焦三维激励，提升特殊教育教师工作投入水平；培育心理资本，激活特殊教育教师内在的工作动能。

第二章　相关概念和理论基础

本章在梳理国内外相关文献的基础上，对研究所涉及的核心概念：学校支持、教师专业发展、特殊教育教师专业发展、影响机制进行界定，明确研究的边界和范围；同时，选择组织支持理论和社会交换理论作为研究的理论基础，对两个理论的发展脉络、核心内容进行了详细介绍，并进一步论述了理论应用于本书的适切性，为下文的实证研究提供理论支持。

第一节 相关概念界定

一、学校支持

根据文献综述可知，学校支持的定义各不相同，没有形成明确、统一的概念。总体来看，现有研究主要从两个角度对学校支持进行了概念界定：从学生的视角进行界定，强调学校支持对学生学业质量和整体身心发展的重要作用；从教师的视角进行界定，关注学校支持对教师专业成长和职业发展的影响。从支持对象看，学校支持包括对教师群体的学校支持与对学生群体的学校支持；从支持的性质上看，学校支持主要包括物质与精神两个层次的内涵。然而，鲜有学者将特殊教育学校视为典型的组织，从组织支持的角度对学校支持进行概念界定。

学校作为一种社会组织，其文化本质是一种组织文化，学校组织的运作是通过组织成员的权责分配、需求和层级结构彼此产生交互作用而进行的。[1]本书基于组织支持的概念，把学校支持定义为：学校为提升人力资源开发效能，实现学校发展目标，在物质、制度、情感、专业、文化方面给予教师各种形式鼓励、支援和帮助的行为过程。“支持”的含义主要是帮助、支援、供应，而帮助和支援均是来自外部的力量，强调外界的一些行为或行动对个体的影响。因此，学校支持强调的是组织行为对教师职业行为的影响，特殊教育学校为教师专业发展给予的物质条件、制度保障、专业资源、情感支持和文化氛围。物质条件是特殊教育教师专业发展的基础，制度是特殊教育教师专业发展的保障，专业资源是特殊教育教师专业发展的关键，情感支持是特殊教育教师专业发展的动能，文化支持是特殊教育教师专业发展的核心。

[1] 蔺海沣，张智慧，赵敏.学校组织文化如何影响乡村青年教师留岗意愿——组织承诺的中介效应分析[J].教育研究，2021，42（8）：142-159.

二、教师专业发展

教师专业发展最初源于对教师专业化的讨论，至今仍存在社会学立场和教育学立场两种不同的理解。[1] 从社会学的视角来看，教师专业发展不仅包括提升教学技能，同时还应注重心智发展和与社会互动，以满足社会对教师行业的要求，发挥教师的社会功能和价值。目前，教师专业发展在主流的教育学理解中被视为教师个体层面的专业培养和能力提升。有学者认为教师专业发展应包括知识、技能等技术性维度，还涵盖道德、政治和情感的维度。[2] 也有学者从观念、态度、智识和知识四个方面界定教师的专业性，并将教师的专业发展分为功能性发展和态度性发展。功能性发展涉及教师工作表现的改进，教师投入更多时间和资源以提高工作效果；态度性发展则涉及工作态度的转变，教师对教育变得更具反思性，更愿意增加工作投入。

教师专业发展是教师在职业生涯历程中，通过个体或与他人合作的方式，持续检视、更新和扩展专业理念，恪守职业道德规范，推动自身专业知识、专业能力持续发展的过程。教师在国家相应制度范畴内，依托于专业知识、教育实践技能和教育研究能力，通过职前教育与职后培训，自觉遵守职业道德约束，以合作探究为导向，以教师专业自觉为动力，致力于提升专业素养，塑造优秀的专业品性，不断发展自身的教育情怀、专业伦理、专业能力和实践智慧。[3] 教师专业发展不仅包括学校有意组织的各种专业活动，还包括教师自然获得的学习经验，这些活动和经验直接或间接对个人、集体或学校产生积极影响，最终目的是提高教育质量，服务于学生的发展。[4] 总之，教师专业发展的概念主要包括三个核心要点：一是教师作为专业人员，是持续的学习者、是发展中的人；二是教师专业发展是促进教师专业成长，

[1] 宋广文，魏淑华.论教师专业发展[J].教育研究，2005（7）：71–74.

[2] 李广，李欣桐.中国共产党百年教师教育政策：历史进程、伟大成就与发展愿景[J].现代教育管理，2021（6）：1–9.

[3] 刘义兵.教师专业发展[M].北京：高等教育出版社，2017：9–11.

[4] 崔允漷，柯政.学校本位教师专业发展[M].上海：华东师范大学出版社，2013：14–60.

提升教师整体专业水平的过程；三是教师专业发展是教师个体内在素质不断提高的过程，这个发展的过程是连续的、动态的、贯穿其职业生涯的。

三、特殊教育教师专业发展

要对特殊教育教师专业发展下定义，首先要界定清楚特殊教育教师的概念。广义上的特殊教育教师包括直接和间接为任何发展异常学生（包含超常学生）提供教育及相关服务的所有特殊教育从业人员，除了从事一线教学工作的老师，还包括特殊教育教师的教师、教导特殊学生的普通班教师（融合教育教师）、协助特殊学生的治疗师、训练员及助手等；而狭义上的特殊教育教师只包括直接为身心发展障碍学生（不包含超常学生、单纯缺乏学习动机的学生等）提供服务的一线教学工作的教师。[1-2] 本书采用狭义上的定义，即特殊教育教师专指特殊教育学校中直接为身心发展障碍学生提供教育教学和相关服务的教师。[3]

特殊教育教师专业发展是特殊教育教师通过不断学习，获取专业知识，提高专业能力，提升专业理念和师德，逐渐成为一个良好的特殊教育工作者的专业成长过程，这一过程受到学校、家庭、他人（同事、家人、领导等）、社会等外部因素和自主意识、动机、信念等内部因素的共同作用。特殊教育教师专业发展贯穿于职业生涯的每一阶段，是一个个体与环境相互作用、专业持续成长的过程。而特殊教育教师专业发展水平代表着特殊教育教师在某一特定阶段的发展结果，这种水平不是静止不变的，会随着时间推移、环境改变、个体知识经验变化等而发生改变。

相对于普通教师专业发展，特殊教育教师的工作对象特殊、工作内容复

[1] 雷江华，方俊明.特殊教育学[M].北京：北京大学出版社，2011：2.

[2] 罗明裕.特殊教育教师专业发展自传研究[D].武汉：华中师范大学，2018：4.

[3] 张玉红，关文军.新疆特殊教育教师队伍的现状、问题与对策[J].中国特殊教育，2013（4）：60-65.

杂、专业性强，特殊教育教师专业发展还要具备崇高的专业道德和人道主义服务精神、复合型知识结构和综合型能力结构等内涵。具体而言，特殊教育教师专业发展更加关注特殊需要学生的独特需求，特殊教育教师需要掌握特殊教育领域的专业知识和技能，以满足学生的个性化学习需求；特殊教育教师专业发展更加侧重个别化教学策略的应用，为每个特殊需要学生提供最适宜的学习支持；特殊教育教师专业发展更加注重教师的情绪智力，特殊教育教师需要良好的情绪管理和调节能力，以应对与特殊需要学生及其家庭互动的挑战；特殊教育教师专业发展更加强调教师自身的精神特质，特殊教育教师除了拥有教育康复所需的知识与能力，还要具备坚定的专业信念和崇高的职业情怀。

四、影响机制

“机制”一词最早源于希腊文，意指有机体的构造、功能及其相互关系。《辞海》对“机制”的解释是有机体的构造、功能和相互关系，泛指系统内各个组织或要素之间相互作用、相互联系、相互制约的形式及其内在的运行原理。[1] 机制的核心目标是揭示事件或现象发生的动态规律，并提供理论框架和理念来理解和解释这些规律。学者将机制的本义引申到医学、社会学、管理学、教育学等不同的领域，极大地延展了机制的内涵，使学科之间产生了不同的“机制”，如医学中的机制是指对疾病发生、发展和治疗过程中涉及的生物学、生理学或病理学基本原理和关系的理解，机制的研究有助于明晰疾病的发病机理、病理生理过程以及治疗手段的作用原理；社会学中的机制揭示了社会系统不同要素之间的相互作用和影响，各部分之间关系更好地发挥作用的具体运行方式；教育学中的机制是指解释教育现象和问题的基本原理和模式，机制的研究可以帮助我们深入理解教育的本质，为改进教育实

[1] 汪洋.政策公正与政策供给的互动耦合关系探析[J].理论探讨，2022（6）：67-72.

践和政策制定提供科学依据；管理学中的机制是指管理系统之间的联系、功能及运行原理，通过制度设计和运行产生特定效果的过程。[1]机制的研究可以解释组织中各个要素之间的相互作用，以及管理行为背后的逻辑，从而优化管理决策，提高组织的效能和绩效。

“影响机制”是一种解释管理过程中因素如何相互作用和产生影响的理论框架，揭示了各个因素之间的交互关系及关系作用的路径。[2]在量化研究中，影响机制研究关注自变量和因变量之间的影响关系，并建立变量之间的作用模型。[3]与相关分析不同的是，它不仅探寻变量间的关系，而是进一步探究影响因素的作用过程。刘建明认为，关于机制的研究是深层次的研究，“揭示事物运转的机制意味着对事物的认识已从现象的描述进行到对本质的认识”。[4]在本书中，学校支持对特殊教育教师专业发展的影响机制是将学校支持作为自变量，特殊教育教师专业发展作为因变量，心理资本和工作投入作为中介变量，探究学校支持“如何影响”特殊教育教师专业发展，建立学校支持对特殊教育教师专业发展影响的模型，通过模型阐明变量之间的关系。具体而言，“影响机制”主要包括两个部分：一是基于特殊教育教师的深度访谈资料，进行三级编码分析，建构学校支持对特殊教育教师专业发展影响的理论模型，并对两者的关系进行具体阐释；二是探究从自变量到因变量之间的作用路径，明确学校支持、特殊教育教师专业发展、心理资本、工作投入之间的关系，验证心理资本、工作投入各自的中介作用以及二者的链式中介作用，明晰学校支持对特殊教育教师专业发展的直接和间接作用路径。

[1] 王思阳，邱国栋．“合伙人制”与国企治理模式创新探讨[J].宏观经济管理，2019（12）：48–57.

[2] 于鹏.公私部门战略管理影响机制的比较研究[J].中国行政管理，2011（5）：112–115.

[3] 王振源，孙珊珊，戴瑞林.同事离职对留任员工离职意图的影响机制研究——一个被中介的调节作用模型[J].管理评论，2014，26（4）：82–92.

[4] 刘建明，张明根.应用写作大百科[M].北京：中央民族大学出版社，1994：50.

第二节　理论基础

研究离不开一定的理论工具。[1] 理论工具为研究提供了特定的视野和分析框架，能够帮助研究者更好地理解和解释研究现象。著名政治哲学家福柯提出了“理论工具箱”（theory-as-tool-kits）的概念，即理论只是对事物的解释，随着解释者视角的不同而变化，各种理论之间的关系就像工具箱中不同工具之间的关系一样，各自有不同的用处。研究者需要明确把握问题与理论的时代性，确保研究问题与理论工具的适切性，使自己的观点言之成理、持之有故。[2]

鉴于本书重点关注的是学校支持对特殊教育教师专业发展的影响，研究主要参考的理论是“个体—环境互动”类的理论。“个体—环境互动”类理论主要描述的是环境因素与个体之间的相互作用，组织环境会影响个体的工作认识和情感，环境和个体的相互作用可以解释个体在工作场所中的不同行为和态度。本书选择组织支持理论和社会交换理论作为主要的理论基础，并阐明它们在研究中的适用性和运用方式。

一、组织支持理论

（一）组织支持理论的起源

组织支持理论（Organizational Support Theory，OST）源自企业管理，是

[1] 曼纽尔·卡斯特尔，贺佳，刘英.权力社会学[J].国外社会科学，2019（1）：130–139.

[2] 阮青林，程岭，杨杰.研究生课题研究的“三个关键问题”及其破解之道——以“类故理思维框架”为视角[J].学位与研究生教育，2023（2）：48–55.

美国艾森伯格（Eisenberger）等人于1986年基于社会交换理论和组织拟人化思想提出的，是组织根据员工的态度和工作表现提供社会性奖励和利益回报。组织支持感（Perceived Organization Support，POS）是组织支持理论的核心概念。组织支持理论和组织支持感概念一经提出，便受到广泛的重视，其重要的意义在于重视组织对于员工的承诺，强调组织关心和重视员工的贡献和价值才是员工愿意留在组织，提升工作绩效的重要原因，即组织首先展现出对员工的承诺和支持，然后员工才会对组织产生承诺。[1]

基于社会交换的理念，组织支持理论着重探讨了组织与员工之间的互动关系。该理论的基本假设是，在组织与员工的互动关系中，双方的互惠性行为是构成社会交换的本质和推动力。组织通过重视员工的贡献和关心他们的福利，建立起与组织内员工的良性支持关系。组织目标的实现在很大程度上依赖于组织对员工的态度，员工感受到组织的支持，便倾向于与组织建立情感上的联结，促使他们以更加正面的态度和行动来回应，努力提升工作表现，甚至超越基本的工作要求。面对组织遇到的紧急问题，他们也更愿意采取灵活和积极的措施来应对。这种支持与响应的动态关系不仅增强了员工的忠诚度，也为组织带来了额外的价值和竞争优势。基于互惠原则（norm of reciprocity），员工与组织的关系本质上是员工对组织的认同、付出、信赖与组织给予待遇、认可、重视等条件的互换；员工与组织关系的稳固就是员工以个人努力工作和忠诚换来收益和社会奖赏。[2]

（二）组织支持理论的主要观点

组织支持感（POS）是员工在开展工作过程中形成的有关组织如何评价其贡献和组织是否关注其福利待遇的综合知觉。组织支持感意味着员工获得了组织的期望与认可，员工的社会认同、尊重、归属等社会情感需求得以满

---

[1] 吴华丽，胡峰.组织支持理论在中国公共人力资源管理中的借鉴[J].社科纵横，2009（5）：56-57.

[2] 邵芳.组织支持理论研究评述与未来展望[J].经济管理，2014，36（2）：189-199.

足。[1]当员工受到了来自组织方面较高的认同和关怀时，会增加他们对于组织的忠诚度和归属感，对组织形成正面的认知和评价，进而产生回报组织的意愿，在工作中展现出更好的表现来回馈组织的认可和支持。组织支持感还可以理解为员工在需要有效工作和应对压力情况时，确信自己能够获得组织的帮助。[2]员工之所以看重组织支持，是因为其满足了他们对于社会情感需求的期待，例如感受到尊重、认可和归属，这些感受体现了组织不仅愿意为员工的工作成果给予相应的回报，也展现了在员工遭遇困难时愿意伸出援手的意愿。基于互惠原则，员工感受到组织给予的支持时，更可能形成对组织的积极承诺，从而增强他们帮助组织达成目标的责任感，这种感觉促使员工愿意为组织投入更多的努力和忠诚，因为他们认为组织对他们的贡献和福祉给予了重视和关心。已有研究表明，组织支持感和绩效回报期望之间呈正相关，与离职、缺勤和迟到行为之间呈负相关。[3]

组织支持理论（OST）认为，三种基本的组织因素会影响员工的组织支持感，即组织公平、上级支持、工作条件。[4]公平是人类的基本需求，也是影响情感的重要因素。组织公平包括不同方面，如结果公平、程序公平、交往公平和信息公平。结果公平强调员工应该得到与他们付出相匹配的回报，这样的回报体现了组织对员工情感和价值的尊重，个体在组织中获得的回报一般与其贡献和付出成正比。程序公平强调组织对员工分配资源的公平性，在决策制定和执行过程中，所有参与者都能被公正地对待，并有平等的机会参与决策。例如，公开透明的决策流程、公平的考核评价制度等。交往公平强调员工受他人尊重的权利，在与他人的互动和沟通中，对待他人应该是诚信、尊重和平等的。信息公平强调员工的知情权，组织中的信息应该公开、准确地传递和共享。

[1] 赵小云，李福华.中小学教师的组织支持感、工作重塑与主观职业成功的关系[J].教师教育研究，2019，31（2）：15-21.

[2] 王雁飞，郭湘莹，朱瑜.基于资源保存理论视角的组织德性对挑战型组织公民行为影响机制研究[J].管理学报，2020，17（1）：50-57.

[3] 王文，向梦雅.组织支持理论与心理契约理论之整合研究[J].求索，2011（2）：86-87.

[4] 谢竹云.组织支持感、心理资本与员工工作产出研究[M].镇江：江苏大学出版社，2014：39.

上级支持是上级对员工所提供的支持和帮助，是影响员工组织支持感的重要因素。上级领导通常被视为组织的化身，肩负着指导和评价下属工作表现的职责，员工往往会将上级领导对他们的态度及行为视为组织是否给予支持的体现，员工对领导如何评价自己的工作业绩和被给予的利益会有一个全面的认识。工作条件是员工在工作环境中所面临的各种条件和因素，包括工作任务、时间、待遇、安全性等，良好的工作条件可以提高员工的工作满意度和工作效能。工作自主性、角色压力、组织规模、报酬、晋升、职业培训等因素也会影响员工的组织支持感，工作自主性、晋升、报酬与员工对组织支持的感知呈正相关关系。

组织支持理论中主要有四个原则，说明了组织通过善待员工，能够在人力资源管理中获得更大的收益。

第一个原则是组织自愿提供正向支持和被动采取不利措施。组织支持理论认为，对员工提供正向支持被视为组织的自愿选择，这是影响员工与组织之间关系的重要因素，会导致高水平的组织支持感。组织使用任何管理策略时，传达组织是自愿为员工提供有利待遇是非常重要的，表明组织真正重视并尊重员工。因为由组织自主决定为员工提供正向支持比政府强制实施的加薪或健康保险等有利待遇更有可能积极影响组织支持感。反之，当员工认为组织对自身行为的控制力降低时，而被迫采取不利于员工的措施，对组织支持感的负面影响会减小。

第二个原则是通过组织代理人传递组织支持感。组织支持理论认为，管理者和同事一般被员工视为组织代理人，管理者主要通过制定和实施相关制度传达组织支持感，同事通过互助行为和表达他们对组织支持性的看法传达组织支持感。首先，管理者的身份具有较大的影响力，他们在传达组织支持感方面最有效，组织支持感高的管理者不太可能离开组织，他们会通过更好地履行角色职责，采用更温和、人性化的方式对待下属。组织对管理者的大力支持可以从管理者到下属形成组织支持感的连锁反应。其次，员工与同事的关系可能会影响他们对工作环境的态度，包括他们对组织本身的看法。有研究表明，同事支持和员工良性的社交关系有助于提升组织支持感。

第三个原则是真诚相待。真诚相待是指组织（代理人）能够根据员工的表现，有区别地赞扬员工，并在言行一致方面表现出一致性。只有被员工视为真诚的、有益的支持才会产生对组织支持感的积极影响。组织支持理论认为，管理者作为组织行事的代理人，是与员工产生最直接接触的群体，他们与员工之间的沟通诚意是影响组织支持感的重要因素。[1]无论员工的表现如何，管理者非区分性地使用赞扬将会失去其信息价值，都不能传达组织对员工贡献的真诚赞赏。当组织支持性的表扬与具体行为不一致，员工得知他们的表现受到虚伪的赞扬或认可时，他们不太相信他们的组织会重视他们的贡献，可能还会降低员工的组织支持感。而组织公正、真诚地给予员工赞扬和言行一致可以成为增强组织支持感的有效工具。

第四个原则是展现组织能力可以增强组织支持的可信度。员工通过评判组织的能力，判断组织是否值得信任，是否能够实现其预期的目标。当员工认为组织有能力实现其目标时，组织支持感更有价值，这有助于满足员工对尊重、认同和情感支持的需求，并展现了组织有能力识别员工的工作能力和奖励其在工作中的卓越表现。管理者作为组织的代表，一定程度上体现了组织的能力，他们的行为是向员工发出组织能力的信号，如果管理者能够有效地决策，提供有关员工工作角色的指导和指示，员工就会将其视为组织能够实现其目标的标志。有研究发现，当员工认为他们的组织越强大有力时，他们对组织的情感承诺感就越强。

根据组织支持理论，员工感受到组织的高度支持时，最终会对组织产生积极的影响。组织支持促使员工将组织的成员身份整合进个人的自我概念中，把自己与工作联系起来，增加工作绩效承诺，从而在组织中形成积极的工作氛围。科伊尔-夏皮罗和康威（Coyle-Shapiro 和 Conway）基于交换关系模型表示，组织支持性对待员工会创造一种承诺感，鼓励员工付出加倍的努力，以实现组织的目标。大量研究表明组织支持与积极的结果变量有关，这些积极影响效应主要可以分为三大类：一是员工的心理健康。如直接减轻员工的压力或调节压力源与压力之间的关系，提高工作满意度，减少工作倦怠，建立良好的工作与家庭关系，增加主观幸福感；二是员工对组织和工作

[1] 屠兴勇，刘雷洁，张怡萍，等.批判性思维对员工问题解决能力的影响机制研究[J].管理评论，2022，34（12）：195-205.

的积极导向。如员工对组织的情感和态度发生正向改变，就会增加员工的情感承诺、组织认同、工作投入；三是对员工的行为产生正向影响，如减少旷工和离职、提高工作绩效。随着组织支持理论研究的深入，也有一些初步证据表明，在某些情况下，过多的组织支持可能会对组织和员工产生负面影响，出现“过犹不及效应”（too-much-of-a-good-thing，TMGT）。组织支持过量时，可能会被视为自我威胁或过度帮助，让一些员工产生无能感，员工难以对高水平的组织支持进行回报，从而导致随后的负面反应。总之，到目前为止，现有研究主要认为组织支持是工作场所的一个积极因素，对员工和组织都有好处。

二、社会交换理论

（一）社会交换理论的起源

社会交换理论（Social Exchange Theory，SET）起源于20世纪50年代的美国，随后在社会学、管理学、心理学和经济学等领域得到了广泛的应用与传播。社会交换的概念最早是由霍曼斯（Homans）提出来的，他认为人类一切社会活动本质上都是一种交换，人与人的关系也是一种社会交换关系，在这个过程中双方都要参与，并且要交换彼此间有交换价值的资源，人们只有觉得交换关系存在吸引力才会不断地与对方互动。在社会互动过程中，强化发挥着重要作用，行动者下次行动的动机主要由以往的强化经验所决定，过往的付出能够获得某种利益，那么这次付出也应该得到相应的报酬，人们会根据过去行为产生的后果而调整行为。在选择交换或交易之前，人们会有一定的理性考量来追求最大的利益或效用，而追求利益是进行交换关系的关键，并在交换关系中不断评价获得的报酬和成本之间的平衡性。

社会交换理论往往被称为一种行为主义社会心理学理论，其思想渊源主要包括亚当·斯密的古典经济学思想、斯金纳的行为主义心理学思想和文化人类学研究。促进社会交换理论不断发展的代表性研究成果主要有霍曼斯（1958）社会交换行为主义、蒂博特和凯利（1959）社会交换结果矩阵、布劳（1964）社会交换结构主义和爱默生（1962）交换网络理论等。其中布劳的研究最具代表性，1964年他的《社会生活中的交换与权力》（*Exchange and Power in Social Life*）一书出版后，社会交换才被视为具有未来发展性的研究领域。布劳认为社会互动首先存在于社会团体或群体中，人们之所以被某一团体吸引，是因为他们可以从团体中获得更多的回报和奖励，而且他们也愿意被团体所接受。为了能够被接纳，他们也要向团体或群体成员提供一些回报，一旦联系形成，双方都会提供某种内隐性报酬，如情感、尊重、爱护、感激等，以及金钱、商品、体力付出等外显性报酬，用来维护和强化这种关系；如果未能获得预期的报酬或回报，这种联结就会减弱或断裂。因此，社会交换是互惠的结果，交换过程就需要彼此之间的责任感和信任，随着信任的增加，互惠或交换模式才会加深、扩大。

（二）社会交换理论的主要观点

组织中的所有交换关系都可以分为两种交易形态：经济交换关系和社会交换关系。[1]经济交换关系中具有清楚的合约约定，交易的重点在于眼前利益的评量，交易关系是否成立，关键在于交易双方对于对方付出交易物是否具有价值的判断。在社会交换关系中，行为是自愿发生的，交易的形成取决于彼此之间互动关系的品质，不是取决于经济评价的准则，而是对双方交易利益所得的预期。[2]尽管对未来回报有所期望，但由于没有明确的规定，无法保证将来一定会得到对方的回报，也因为没有明确的义务和充满不确定性，因此社会交换是建立在彼此信任的基础之上，[3]并随着时间发展，双方以互相“承诺”的方式，表示在此关系中的可信任。

社会交换理论认为，无论是经济交易还是心理交易，往往是不确定和隐

---

[1] 金辉.文化取向、共享动机与圈内—圈外知识共享意愿[J].管理科学，2020，33（4）：119-136.

[2] 彼得·布劳.社会生活中的交换与权力[M].李国武，译.北京：商务印书馆，2008：152-189.

[3] 李健，刘世洁，陈传明.代际间企业家社会网络结构差异、组织沉默与传承绩效关系研究[J].管理学报，2020，17（12）：1769-1776.

含的，可以形成长期和稳定的关系，并能对社会交换过程产生进一步影响。在组织管理中，组织和员工之间的交换同样存在两种形式：在组织管理领域，组织与员工之间的互动可以通过两种主要的交换形式来理解：一是以经济利益为核心的交易，员工通过获得薪酬来换取物质上的收益；二是以社会需求为基础的交易，员工追求的是尊重和归属感等社会层面的满足。交换的核心是自我利益和互相依赖，通过交换各自的资源实现互利。因此，员工和组织之间的互动本质上是一种交换过程，这种交换包括情感、报酬、资源、公正性等。

无论是组织和个体之间的社会交换，还是个体与个体之间的社会交换，主导交换成立的逻辑在于互惠原则和自愿原则。古尔德纳（Gouldner）把互惠原则定义为“构筑给予帮助和回报义务的道德规范”，即总体上按照“以恩报恩”的规律行事，对于对方的恩德应该给予回报。互惠性包含两种形式：同质性互惠和异质性互惠。同质性互惠发生在双方交换相同类型的事物时，而异质性互惠则涉及交换本质上不同但相互认为等值的物品或服务。自愿原则强调的是，当个体或组织无偿地、真诚地向他人提供帮助时，这种自愿性使得交换的价值和效益更加显著。它传递出一种真正的关怀和尊重，从而激励接受方更慷慨地回报。在组织的社会交换中，自愿性是关键，只有当一方感受到另一方真诚的关心和支持时，才会主动提供资源作为回报，这样的互动是建立稳固社会交换关系的基础。否则，仅仅是双方按照事先约定好的“付出+回报”模式进行经济交换，而非真正的社会交换关系。[1]

根据社会交换理论，社会交换持续产生的重要前提是互惠准则，组织和员工之间“投桃报李”的互惠准则在现有组织中具有经济和福利意义。互惠不仅能增加整体行动的一致性，强化社会行为的规范，而且它本身也是激励人们行动的重要力量。通过互惠，社会成员之间的合作更加紧密，相互之间的支持和帮助成为推动社会关系发展的关键因素。在组织中，组织对员工的互惠行为扮演着重要的角色，互惠行为会显著地影响员工和组织的关系，进而影响工作效率。艾森伯格等学者于1986年提出组织支持感的概念，主要指

[1] 邵芳.复合型视角下组织支持形成及作用研究[M].西安：西安电子科技大学出版社，2016：14.

"员工感受到组织重视自己的贡献和自己获得报酬福利的程度"，其内涵本身就有互惠的思想。员工和组织已成为一个互相依赖的利益共同体，员工需要通过付出劳动从组织获取报酬，而组织需要员工的工作投入来获取绩效。此外，社会交换理论的思想还蕴含了理性原则、不均衡原则、边际效用原则、公平原则等交换原则。[1] 理性原则是指行动者在作出决策时会基于对成本与收益的评估，选择那些能够带来最大回报的行动方案。公平原则有两层含义：一是随着交换关系的不断加深，规范对双方的制约也会越来越强；二是如果有一方不遵守规范，对方就会采取相应的惩罚措施。边际效用原则指出，在多次交换中，行动者可能会逐渐失去对某种报酬的兴趣和价值感。最后，不均衡原则认为在社会交换中，各方之间的互动并不是总是处于一种完全平衡的状态，而是由多种不同的因素和力量综合作用的结果。当一种关系达到平衡时，其他关系也会随之失衡，并使得社会交换关系不断地处于平衡和失衡之间的转变。

三、理论的适切性分析

（一）组织支持理论运用于本书的适切性

第一，组织支持理论为研究特殊教育教师专业发展的学校支持提供了独特的理论支撑。目前，国内外学者对组织支持在企事业员工中的作用进行了较为深入的探讨，并开始拓展到特殊教育教师群体，探讨组织支持感对特殊教育教师职业幸福感、组织承诺、工作绩效、生涯适应力等方面的影响。[2-3]

---

[1] 乔纳森·H. 特纳.社会学理论的结构[M].邱泽奇，张茂元，译.北京：华夏出版社，2006：279-284.

[2] 王姣艳，郝晓川，李扬.组织支持与特殊教育教师职业幸福感的关系：链式中介效应分析[J].中国临床心理学杂志，2020，28（6）：1281-1284.

[3] 张玉红，任淑港，牟彪.特殊教育教师生涯适应力现状及其与组织支持感关系的实证研究[J].教育与教学研究，2021，35（8）：117-128.

特殊教育学校是一般社会组织中的一种特殊组织，[1]有着较为完善的组织结构，满足了特教教师在工作场所重要的情感需求，如归属感、安全感和成就感等，直接影响着特教教师的工作态度和行为，影响其专业发展。特殊教育学校通过组织行为体现出学校的制度、规范和组织文化，并作用于每一名特教教师。特殊教育教师会将学校管理者对他们采取的支持性或非支持性的组织行为来衡量学校对他们的重视和关心程度。学校满足特殊教育教师的需求，提升他们的福利和评估他们的贡献程度越高，特殊教育教师就越容易产生对学校的信任和良好的工作表现。

第二，组织支持理论为优化特殊教育学校人力资源管理提供了理论借鉴。依据组织支持理论应用于人力资源管理的四个原则，特殊教育学校要主动为教师提供正向支持、通过管理者（校长）传递组织支持感、适度展示学校的组织能力、真诚对待教师，优化学校人力资源管理，建立良好的学校支持系统，激发教师专业发展的内驱力，提高教师专业发展水平。从组织支持理论可知，特殊教育教师感知到高水平的组织支持对学校是有益的，特殊教育学校对教师的良好待遇和支持会使教师产生某种义务感，激励和驱使教师通过利于学校积极的工作态度和行为进行互惠或对等交换。特殊教育学校要增强教师的归属感，降低教师流失率，激发教师的工作热情，以及提高工作绩效，就必须完善学校支持制度，给予教师更多的关心和支持，满足他们的社会情感需求。充分的学校支持会让教师感受到尊重、关心和认可，以促进他们认同自己的社会角色，加强与其他教师的合作；同时提高特殊教育教师对学校的信任感知，增强回报学校的心理动力，促使特殊教育教师作出更多的组织承诺，全神贯注地投入教育康复工作，有效促进特殊教育教师专业发展。

（二）社会交换理论应用于本书的适切性

首先，社会交换理论为探索特殊教育学校与教师之间的关系提供了新的

[1] 赵敏.学校管理学[M].广州：广东高等教育出版社，2017：134.

研究视角。社会交换理论是一种以资源为导向、着眼于交换主体之间互动关系的理论，其核心观点得到了国内外学者的普遍认同。社会交换理论是分析学校支持影响特殊教育教师工作投入及其专业成长过程的重要理论视角。特殊教育教师在专业发展上的“成本”支出，受到教师从学校获得“报酬”的影响，特殊教育教师以工作的付出来交换实质的利益（工资、奖金、补贴等）和形式的利益（认可、赋权、信任等），当他们感受到组织（学校）对其足够的支持时，便会产生出某种心理上的义务，透过尊重、信任等态度上的改变，或者展现出达成学校组织目标的行为来履行工作义务，从而增加工作投入，促进自身专业发展。可见，特殊教育教师的职业行为是他们依据社会交换关系的长期互动过程，是以互惠的原则来实现与学校间交换关系的平衡。

值得注意的是，特殊教育学校和教师之间不是简单地进行赤裸裸的“直接交换”，不能忽视隐藏在学校和教师专业发展两者关系背后机理的研究，不能忽视社会交换关系中特殊教育教师的积极心理品质，如责任感、信任和感激在促进这种交换关系中的作用。本书运用社会交换理论作为研究视角，重视特殊教育学校和教师交换关系中心理资本和工作投入的中介作用，不仅对于探析特殊教育学校与教师等主体间的互动关系，阐释学校支持对教师专业发展的影响机制具有明显的借鉴意义，还有利于明晰特殊教育教师专业发展的行为逻辑，为优化特殊教育学校管理制度提供有益的启示。

其次，社会交换理论为改进学校支持，促进特殊教育教师专业发展提供了理论指导。从组织的角度看，特殊教育学校与教师之间的关系是一种动态的“雇佣关系”，这种关系错综复杂且微妙，单一的学校支持方式往往难以满足不同特殊教育教师多样化的需求，因此重视学校支持与教师之间关系的多元性与差异性是提高学校管理效能，促进特殊教育教师专业发展的重要策略。从教师的角度看，特殊教育教师仅以忠诚、遵从和努力为条件很难换来职业认同感和归属感。同时，特殊教育学校之间以及学校内部较大的收入差距使得不少教师认为组织缺乏公平性，认为自己的付出没有得到应有的回报，进而对组织产生怀疑和不信任，专业发展的内部动力不足，甚至产生离职等想法。据此，社会交换理论为我们改进学校支持提供了一个具有重要价值的理论视角，它启示特殊教育学校想要得到教师的认同和信任，进一步提高特殊教育教师的工作投入和绩效，促进其专业成长，同时降低教师的离职率，需要学校优化其支持体系，对特殊教育教师给予更多的关注和支持，并关注他们对学校支持措施的感受和反馈。可见，运用社会交换理论探讨特殊教育教师专业发展与学校支持的关系具有理论适切性和现实意义。

第三节 本章小结

本章首先界定了研究所涉及的四个核心概念：学校支持、教师专业发展、特殊教育教师专业发展和影响机制，明确了研究的边界和范围；然后选择组织支持理论和社会交换理论作为研究的理论基础，详细介绍这两个理论的发展脉络、核心内容，并进一步论述了两个理论应用于探究学校支持对特殊教育教师专业发展影响机制的适切性，为后续研究奠定基础。

第三章　学校支持对特殊教育教师专业发展影响机制的模型建构

现有研究主要将学校支持作为教师专业发展的关键影响因素，论述学校支持对教师专业发展的重要性及其改进策略，但未涉及“机制”层面，探究学校支持“作用”发生的具体路径，学校支持对特殊教育教师专业发展的影响机制还有待明晰。本章以组织支持理论和社会交换理论作为理论视角，采用质性研究方法，与特殊教育教师进行一对一深度访谈，收集数据资料，在三级编码分析的基础上，提炼特殊教育教师学校支持的结构维度，建构学校支持对特殊教育教师专业发展影响机制的理论模型。

第一节 研究设计与访谈实施

一、质性研究设计

研究设计是制定研究项目的整体规划和蓝图。质性研究是社会科学领域广泛采用的一种研究手段，研究者通过融入实际情境来收集定性资料，对所研究的社会现象进行详尽的全面性分析。这种研究方法一般采用归纳法来分析资料，强调在自然环境中理解人们的行为和经验。与量化研究相比，质性研究能更为细致地展示个体行为的过程，进一步挖掘潜藏于数据背后的“动机”，对问题进行深入、细致的研究，获得更为全面、详尽的研究结论。

扎根理论是质性研究基石性的方法论，其主要宗旨是在经验信息归纳概括的基础上建立理论。扎根理论（Grounded Theory，GT）的正式提出，始于格拉斯和施特劳斯（Glazer 和 Strauss）1967年出版的专著《扎根理论之发现：质化研究的策略》。扎根理论的构建与哲学和社会学的理论基础紧密相连，其形成受到了两大理论流派的深刻影响。首先，美国的实用主义哲学对扎根理论产生了重要作用。这一哲学流派强调实践的重要性，主张在解决问题的过程中寻找可行的方法，这与扎根理论中从实际数据中归纳和构建理论的过程不谋而合。其次，芝加哥社会学派的理论和方法也对扎根理论产生了深远的影响。芝加哥社会学派特别注重通过实地观察和深度访谈等方法来收集数据，这种方法论的实践性与扎根理论中对数据收集和分析的重视相契合，强调从被研究者的角度出发，对其行为和经验进行深入分析，使研究结论更加具有说服力和可靠性。扎根理论不是呈现原始资料，而是要经过消化、整理、比较，即体系性的编码分析，从下往上地建立理论，这种编码分析与持续对比，是研究者进行理论推导的基础。扎根理论具有两大特色：一是质性研究依托于实证主义的科学准则，目标是展示定性数据同样能够通过精确和科学的剖析得到深入理解；二是该研究取向继承了象征互动论的学术思想，其核心在于强调社会现象的解读应当根植于个体的生活经验和自我意识。[1]

扎根理论将实证研究与理论建构联结起来，使研究者能够遵循一套系统的分析流程，对收集到的原始数据进行深入分析，进而形成概念框架和理论结构。通过这种方法，研究人员能够确保他们的理论是基于实际数据和经验事实，从而提高研究的可靠性和实用性。在扎根理论的发展过程中，主要出现了三种不同的流派，包括格拉斯和施特劳斯的原始版本、施特劳斯和卡宾的程序化版本、卡麦兹的建构主义版本，不同流派采取的理论视角、数据编码和分析方法可能有所差异，但如同方法论的螺旋式发展，它们不是二元对立的情况，相同的地方是扎根理论强调对资料的不断比较，从经验事实中抽象出新的概念和思想，并帮助研究者更细致地描述这些新发现。因此，扎根理论的数据分析（编码）技术不应被固化，而应该被灵活应用。

扎根理论倾向于归纳的研究思路，体现自下而上地形成理论的过程，以扎根理论为代表的定性研究方法适用于作答“是什么”与“如何”的问题。[2]在“扎根”前通常没有理论假设，研究人员通过系统收集原始数据的基础上找出反映某种现象的关键概念，再对概念之间的关系进行分析抽象出相应的理论。[3]简而言之，扎根理论的核心思想就是扎根在数据中建构理论。研究学校支持影响特殊教育教师专业发展的机制，就是要根植于特殊教育学校的土壤，从特殊教育教师的具体经验出发，在大量经验材料逻辑分析的基础上构建理论。

通过文献综述可知，已有文献尚未形成关于学校支持和特殊教育教师专业发展之间关系的明确解释路径和理论假设，非常适合通过质性研究来探究学校支持发挥作用的内在机制。本书依据质性研究扎根理论的思想及其编码方式，[4]对特殊教育教师开展一对一的深度访谈获取第一手资料，对访谈资

[1] 瞿海源，毕恒达，刘长萱，等.社会及行为科学研究法（二）·质性研究法[M].北京：社会科学文献出版社，2013：60-61.

[2] 冉雅璇，卫海英.品牌仪式如何形成?——基于扎根理论的探索性研究[J].经济管理，2017，39（12）：108-121.

[3] 陈向明.扎根理论的思路和方法[J].教育研究与实验，1999（4）：58-63.

[4] 井润田，孙璇.实证主义vs.诠释主义：两种经典案例研究范式的比较与启示[J].管理世界，2021，37（3）：198-216.

料进行文本分析，归纳出特殊教育教师在学校支持下专业发展的轨迹，提炼核心要素，厘清学校支持的结构，在开放编码、主轴编码、选择编码的基础上，建构学校支持对特殊教育教师专业发展影响机制的理论模型。

二、样本选择

在选取访谈对象时，本书主要采用分层目的性抽样和理论抽样的方法，将两种抽样方法结合起来，确保特殊教育教师样本具有多样性，能够涵盖各种不同的经验、观点和背景，为质性研究提供更为丰富、深入的洞察。分层目的性抽样首先要求研究者根据特定标准将潜在的研究对象分为不同的层级，然后在每个层级内进行有目的的抽样，以便收集到所需的样本。该抽样方法主要是为了使研究内容更具立体性和丰富性，进一步增加研究的理论密度。[1] 基于此，本书在选择特殊教育教师访谈时，考量了地理位置，研究样本覆盖了东部、中部及西部地区；同时综合考虑了年龄、性别、教龄、学校层次等因素，从特殊教育教师中抽取代表性样本作为受访者进行深度访谈，力图充分挖掘样本教师的经验和见解，为研究问题收集最大的信息量。不同于目的性抽样，理论抽样的目标不在于追求人口统计学上的代表性，而是通过研究者收集、编码和分析数据，发展相关概念和理论。[2-3] 该抽样方法重在让研究指导资料收集的过程，选择下一个样本对于识别新的概念和类别、深化和优化理论至关重要，研究能够逐步揭示深层次的模式和联系，推动理论的深入发展，直至新数据无法再提供新的理论见解，意味着理论构建已趋于成熟。本书严格按照理论饱和原则确定样本数，抽取样本直至新抽取的样

[1] 谢心怡，郭二榕，张辉.预聘期青年教师的组织认同与组织承诺研究——基于某高水平研究型大学的分析[J].中国高教研究，2021（12）：57−63.

[2] 何木叶，刘电芝.扎根理论的运用：误区与策略[J].心理科学，2022，45（5）：1273−1279.

[3] 应天煜，唐婧怡，王开帅，等.家庭权力关系视角下的老年人商业养老服务消费决策模式研究[J].浙江大学学报（人文社会科学版），2020，50（4）：47−60.

本不再体现新的重要信息为止。

在遵循上述抽样方式的前提下，为了数据的饱和性和时效性，访谈分为两个阶段：第一阶段是2022年6月到9月采用面对面访谈方式对12名特殊教育教师进行访谈；第二阶段为2022年11月到2023年1月，主要通过电话访谈的方式继续对特殊教育教师实施访谈，收集质性资料。当结束第25人的访谈，进行编码分析后，新的样本不再提供新的重要信息，访谈环节完成。在遵循学术伦理和道德规范，同时征得受访者的同意之后，本书呈现了受访者的基本信息，并对他们的姓名进行了匿名处理，旨在保护受访者的隐私，确保研究的严谨性。具体受访者信息见表3–1。

表3–1　访谈对象的基本情况

编号	性别	年龄	学历	所在学校	受访日期
A01	女	25	本科	巴州区特殊教育学校	2022/6/30
A02	男	35	专科	那曲市特殊教育学校	2022/9/11
A03	女	28	本科	乐山市特殊教育学校	2022/7/13
A04	男	47	专科	博州特殊教育学校	2023/1/15
A05	女	36	本科	六盘水市特殊教育学校	2022/8/13
A06	女	23	本科	甘南州特殊教育学校	2022/7/22
A07	女	25	本科	平昌县特殊教育学校	2022/6/30
A08	女	46	专科	海东市特殊教育学校	2022/8/11
A09	男	41	专科	迪庆州特殊教育学校	2022/7/12
A10	女	50	专科	江津特殊教育学校	2022/9/03
B01	女	27	研究生	衡阳市特殊教育学校	2022/7/17
B02	女	41	本科	宜春市特殊教育学校	2022/8/21
B03	女	28	本科	新余市特殊教育学校	2022/8/17
B04	男	25	本科	常德市特殊教育学校	2022/9/19

续表

编号	性别	年龄	学历	所在学校	受访日期
B05	男	38	本科	焦作市特殊教育学校	2022/11/21
B06	女	29	本科	淮南市特殊教育学校	2022/11/23
B07	男	33	本科	上饶市特殊教育学校	2022/11/21
C01	女	23	本科	金华市特殊教育学校	2022/8/28
C02	男	51	本科	韶关市特殊教育学校	2022/8/21
C03	女	42	研究生	中山市特殊教育学校	2022/12/15
C04	女	30	本科	通州区特殊教育学校	2022/12/14
C05	男	36	本科	莆田市特殊教育学校	2022/11/15
C06	女	44	本科	姑苏区特殊教育学校	2023/1/10
C07	女	27	本科	东营市特殊教育学校	2022/12/16
C08	女	33	本科	密云区特殊教育学校	2022/11/23

注：A代表西部特教教师；B代表中部特教教师；C代表东部特教教师。

三、访谈实施过程

本次研究遵循知情同意原则，在访谈前向受访者讲明访谈的目的、方法以及他们的权利，包括自愿参与、随时撤回同意、个人信息保密等。受访者明确理解和同意后，签署知情同意书，确认自己愿意参与本次研究并分享他们的经验和见解。这一过程保障了受访者的知情权和自主权，在受访者允许的前提下进行录音，遵守“尊重、行善不伤害和公平正义”的原则，对受访对象隐私的保护和数据保密贯穿研究的全过程。[1] 为了访谈顺利实施，笔者对每次访谈前需要做好充分的准备工作，包括访谈邀约、预约访谈时间和地

[1] 徐伟琴，岑逾豪．“读博”还是“工作”——基于扎根理论的硕士生读博意愿影响机制研究[J].高等教育研究，2021，42（7）：67−77.

点、准备知情同意书和调试录音设备等。每次访谈时间为42～89分钟之间，访谈内容主要包括四大部分：一是影响特教教师专业发展（知识、技能、专业理念和师德）的因素有哪些，学校层面的影响因素有哪些；二是学校给予了特教教师哪些支持，这些支持措施的效果如何；三是对受访者影响最大的一项学校支持是什么，学校支持是如何影响教师专业发展的；四是特教教师最需要学校给予哪些支持，有哪些措施可以发挥作用，优化学校支持系统。详细的访谈提纲请参考附录六。

上述访谈提纲主要用于引导访谈方向与提示访谈内容，在实际的访谈过程中，笔者保持灵活和开放的态度，鼓励受访者自由表达、畅所欲言。在正式进行访谈之前，笔者会向受访者解释研究的目的和计划，告知对方本次访谈所有的信息仅限于学术研究，并在内容分析时进行匿名处理，帮助受访者消除顾虑，创造融洽和谐的谈话氛围。访谈中，采用"渐进式聚焦法"（progressive focusing），即从一般性的话题领域开始访谈，然后逐步过渡到学校支持对特殊教育教师专业发展的影响这一话题，这种开放式的、氛围良好的对话能够"从话语中了解人们在情境中的问题领域，并试着用他们自己的术语来了解事情"。笔者根据访谈对象和当时具体情况，灵活处理提问方式和顺序。如果在访谈过程中发现被访者没有涉及的重要问题或关键信息，会先记录下来，并在适当的时候追问。访谈结束之后，笔者使用讯飞听见软件对录音进行文字转录和修正，及时整理成文本资料，对访谈过程进行回顾与反思。经过两个阶段，历时六个月的访谈，最终获取了25名特殊教育教师的访谈记录，剔除与研究主题无关的内容后，获得文本资料共计137356字。

第二节 编码分析

文本材料的编码分析是质性研究中最重要的环节，也是研究的难点。本书基于质性研究中扎根理论的思想，采用三级编码的方式对访谈收集的文本资料进行分析，三级编码具体分为开放编码、主轴编码和选择编码三个阶段，具体步骤见图3-1。

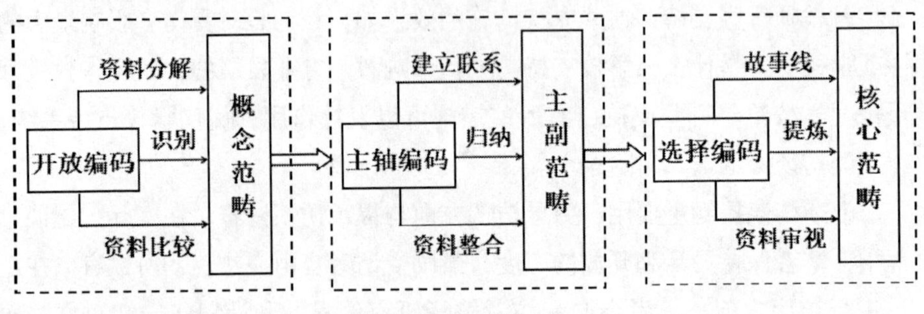

图3-1 三级编码流程

一、开放编码

一级编码为开放编码（Open Coding），是先将收集的资料“打碎”，然后分析资料中重要的信息并比较异同，以归纳出能够描述现象的概念，再将归纳出的概念进一步范畴化。[1] 基本环节包括：为现象命名（进行概念性的标记）——发现类属（资料分析中的一个意义单元，即资料所呈现的一个观点或主题）——范畴化。[2] 为避免研究者主观认知导致的编码不规范，研究者进行开放式编码时应该持有开放心态，“悬置”个人的“主观性”“偏见”，尽可能地对受访者的原始资料直接编码，不断地对比和界定原始语句，找出最能反映受访者思想的概念和范畴。本书对特殊教育教师的文本资料逐句逐行予以编码，编码过程中不断写下相关思考的备忘录，共析出 906个概念标

[1] 张端鸿，樊诗慧.我国高校长聘教师制度改革的探索性研究——基于A大学的个案研究[J].高校教育管理，2020，14（4）：42-51.

[2] 刘友芝，李行苓.宣传者还是把关人?——新员工在朋友圈中转发企业信息的角色选择研究[J].管理案例研究与评论，2023，16（4）：399-412.

签，然后在此基础上反复地比较、整合同义或重复概念，共归纳出167个初始概念（即意义单元）。由于编码时常常出现一句多义的情况，初始概念强调的是“意义”，而不是“句子”。初步形成的概念数量较多，相互间有交叉和重叠，难以揭示潜在的因果机制。所以，笔者剔除了出现频次低于两次或前后冲突的概念，[1] 并通过进一步提炼、聚拢实现概念范畴化，提炼出15个初始范畴，即专业支持、文化支持、情感支持、物质保障、制度支持、工作活力、工作奉献、工作专注、专业知识、专业能力、专业理念、希望、乐观、坚韧、自信（见表3–2）。

表3–2　开放编码结果

部分原始语句示例（初始概念）	范畴
A06：我们没有走出去学习，也没有专家来指导，要是能把专家请来就好了（缺少专家指导）	专业支持
A01：虽然我也参与了一些校外的教师培训，但培训的是学生日常的管理，而我想学的是校本课程的开发、IEP的制定（培训内容缺乏针对性）	
C02：我们有国培、省培、校内外的各种培训，有很多培训的机会啊（培训机会较多）	
A07：学校好像没人搞科研项目，没人说过怎么做项目，也不知怎么申请（缺少科研项目）	
A04：我们学校去交流学习的机会还是比较少，很难轮到自己，我希望有更多的机会走出去，去其他学校看看（交流学习机会少）	
C03：学校有时要搞一些集体活动，鼓励老师们参与，大家都比较积极，也爱分享自己的经验（人际氛围良好）	文化支持
A07：上课是很随意的，有的老师只是去教室守着学生，不出安全事故就行了，也没看到他们备过课（教学风气不良）	
C02：我们学校都是各管各的，能把自己的课上好就不错了，哪有那么多时间一起搞教研活动（缺乏合作意识）	
C03：我们学校有自己的办学理念，比如博爱、共享啊，我觉得这对每个老师还是有影响的（学校办学理念）	

[1] 胡冬梅，吴屹.自我牺牲型领导的双刃剑影响作用研究：基于扎根理论[J].领导科学，2019（16）：75–78.

续表

部分原始语句示例（初始概念）	范畴
A01：学校对老师参加课题、发表论文呀，这些都没有成文的规定（科研制度欠缺）	制度支持
C01：老师上公开课、发表论文、各种获奖啊，与评职称和绩效分配是相关的（激励制度明确）	
C02：现在我们出去培训，要自己先垫钱，回来再报销，实在是麻烦，就不想去了（培训制度不完善）	
C05：我觉得制度影响最大，制度有要求，我们就不得不做，做了才能达标，认真去做还是有收获（制度有督促作用）	
A03：我们特校评高级职称的确容易一些，名额比普校多，很多老师都评上了（职称制度倾斜）	
C02：这些年国家对特殊教育的支持力度大，学校的经费不成问题，一般都用不完吧（经费充足）	物质支持
B03：现在学校建设得很好啊，买了很多康复训练的仪器，教室里的多媒体也升级了，很多设备都是买得好的（硬件条件好）	
A04：学校有一些好仪器，放在那里很久都没人用，上面全是一层灰尘了（设备利用率低）	
A06：现在开销大，生活压力也大，只有收入上去了，才有动力去工作呀（收入保障）	
C08：工作上遇到什么困难，校长有时候会跟大家聊聊，给一些建议，提供一点帮助，做事情就容易多了（领导关心）	情感支持
A03：去年教师节，班上很多孩子自己动手，折了花送给我，把我感动惨了，你知道有的孤独症孩子做手工很不容易啊（学生的支持）	
C06：与同事的沟通交流，对我的影响就很直接，能帮我更快地解决一些实质性问题或者困惑，从他们那里获得了支持或肯定，整个人就会更加自信，做事的思路清晰了，还有助于形成自我发展的目标（同事的帮助）	

续表

部分原始语句示例（初始概念）	范畴
A10：工作是做不完的，我现在对自己没什么要求，职称也上不去了，很多事都是让年轻老师去做，他们年轻嘛，要多锻炼一下（工作热情消退）	工作活力
A05：感觉我这几年都没什么发展，也不是学校的问题吧，大部分还是自己的问题，太松懈了，什么都不想搞，就没什么进步（工作主动性不足）	
B04：前几天开会，一些优秀教师分享了自己的工作经验，很感人，别人那么艰难都可以走过来，我也感受了鼓舞，有种豁然开朗的感觉，找到了前进的方向（工作充满能量）	
C04：我们学校有的老师工作特别认真，经常到了吃饭时间，还在加班（沉浸于工作）	工作专注
A07：有的老师只是上一下课，基本不做事的，哎，把学校的工作当成了副业，主要精力去搞第二职业，开茶楼、搞装修的都有（工作懒散）	
C07：参加培训、研讨活动的时候，感觉时间过得好快，还可以学很多东西（工作专心）	
A05：我觉得干我们这一行不能着急，只要我们有耐心、坚持下去，那些培智的孩子都会有进步的（工作敬业）	工作奉献
A08：特殊教育很有意义呀，不然当年也不会来这里教书了，现在回头看，自己也还是适合在特校工作（工作认同感足）	
B03：一天两天看不到孩子进步，很正常呀，不能灰心，还是要找方法，把课上好（工作责任感强）	
A09：这几年培训机会多了，参加一些培训，也能学不少特殊教育教学的理论知识（相关的教学知识）	专业知识
C07：在一些公众号上可以学特殊儿童康复医学的知识，对我们开展特殊儿童的康复训练是很有帮助的（康复教育知识）	
B02：掌握班上每个学生的残疾类型、原因和对他（她）的教育策略，这些都是基本的（有关学生发展的知识）	
A01：我们学校也没什么资料，我会自己上网去查，了解残疾人事业发展的基本情况（通识性知识）	

续表

部分原始语句示例（初始概念）	范畴
C04：这几年经常跟一些家长打交道，我觉得自己的沟通技巧都提高了（交流与沟通）	专业能力
B03：我觉得影响教师成长的一个重要因素就是学校的教研活动很多，参加研讨的次数多了，表达能力、组织能力都得到了很好的锻炼（表达与组织）	
B05：学校组织的上公开课很有用，既可以学习其他老师的优点，还可以反思自己课程不好的地方（课程反思）	
C08：我们当老师的，能够发现和表扬孩子的进步，他们会很高兴，通过这种不断的强化，来帮助他们塑造好的行为（教学激励）	
A02：刚开始根本不会写，跟着李老师学了好几个月，终于学会了写个别化教学活动方案（教学设计）	
A01：每一个残疾学生都是独一无二的，我们老师在教学、生活中要平等公正地对待他们才行（尊重生命差异）	专业理念
A06：短时间是看不到孩子变化的，我们老师肯定不能着急，还是要找方法，有耐心和责任心（遵循孩子发展规律）	
C02：教特殊孩子和普通孩子肯定是有差异的，不能用教普校那一套（方法）来教特殊孩子（认同职业的独特性）	
B04：我觉得向身边的同事请教，向优秀的老师学习，对自己的专业发展很重要（主动学习意识）	
C01：特殊孩子进步慢很正常呀，只要我们坚持，早晚会有变化的（积极的教育观念）	
C05：学校经常组织我们听讲座，这种东西的影响可能很隐蔽，当时看不到效果，但观念就慢慢地改变了，个别化教学意识更强了（个别化教育理念）	
A10：我个人比较懒，有个稳定的工作就行了，已经没有发展的动力了，现在上了年纪，更不想尝试改变了（发展动机不足）	希望
C08：优秀的老师一般都有很强的自我提升意识，工作规划也很明确（发展意识强烈）	

续表

部分原始语句示例（初始概念）	范畴
B05：学校当初安排我担任听障班的班主任，工作量增加了很多，手语又不熟，很有挑战性，不过我觉得这对我也是一种锻炼，应该会有很多收获，也就把这个工作接下来了（积极看问题）	乐观
A06：我觉得不是学校没有资源，而是很多老师没有主动性，等着学校把资源放到他（她）面前，而不是自己去争取机会提高自己，有时候有一些提升专业技能的比赛，主动报名的人还是少（主动解决问题）	
A07：虽然这里氛围不好，很多上了年纪的老师连Word都不太会弄，事情都让我们年轻老师做。没办法改变他们，但我可以改变自己，多做一点事情……去年没上，今年还是要继续考研的（有韧性）	坚韧
B04：有一次赛课准备了很久，最后竟然没有获奖，都开始自我怀疑了，那段时间状态很不好。但就是因为对这种低迷状态的不满，后来我觉得自己还是有很多不足，于是又继续学习（有心理弹性）	
A09：我这个人比较内向，刚开始工作，做什么事情都畏首畏尾的，有一次教学比赛获了奖，才慢慢有点自信的。现在觉得大场面都经历过了，小场面就不怕了（积极自我评价）	自信
C03：这两年自己在专业水平上的确提升了，尤其是对孩子问题行为的解决，知道了可以改变孩子环境；在问题行为发生时，怎样去干预，建立更好的行为，使用应用行为分析也更加得心应手了（自我效能感提升）	

二、主轴编码

主轴编码又称轴心编码（Axial Coding），是在开放编码的基础上寻找范畴之间以及范畴和概念之间的关系，通过厘清不同概念之间的关系来确定更高层次的范畴和维度。[1]在进行主轴编码时，笔者对开放编码阶段得到的范

[1] 欧阳硕，胡劲松.从“相安的疏离”到“理性的亲密”——基于扎根理论的研究生导学关系探析[J].高等教育研究，2020，41（10）：55-62.

畴和编码过程中相关思考的备忘录进行深入分析，厘清每一个范畴所处的层次以及范畴之间的逻辑关系，最终建立起不同范畴对应的层次，并持续比较主范畴和范畴之间的联系。因此，本书根据开放式编码得出的15个范畴，在各范畴进行反复归类与比较的基础上提炼出四个主范畴，即学校支持、工作投入、专业发展、心理资本（见表3-3）。

表3-3 主轴编码结果

范畴内涵	范畴	主范畴
学校支持特殊教育教师发展而提供的专业资源	专业支持	学校支持
学校为特殊教育教师发展营造的精神文化氛围	文化支持	
学校支持特殊教育教师专业发展的相关制度	制度支持	
学校保障特殊教育教师专业发展的物质条件	物质支持	
学校给予特殊教育教师的情绪支持和情感关怀	情感支持	
特殊教育教师在专业发展活动中表现的能量	工作活力	工作投入
特殊教育教师参与专业发展活动的专心程度	工作专注	
特殊教育教师对自身工作的认同感与责任感	工作奉献	
特殊教育教师应该具备的教育与康复知识	专业知识	专业发展
特殊教育教师进行教育活动具备的职业技能	专业能力	
特殊教育教师对于特殊教育教学的思想观念	专业理念	
特殊教育教师对自身专业发展的意识和动力	希望	心理资本
特殊教育教师对待专业发展持有的积极态度	乐观	
特殊教育教师对于专业发展顽强持久的精神	坚韧	
特殊教育教师对于自身专业发展的积极信念	自信	

三、选择编码

选择编码（Selective Coding）又称核心编码，是对主轴编码的结果进行系统分析，挖掘原始资料中各部分之间的有机联系，得到一个能够“统领”所有相关现象、概念或范畴的“核心范畴”[1]，并进一步分析初始范畴、主范畴和核心范畴之间的联系，通过故事线的形式建立起核心范畴与其他范畴之间的联系，建构、整合和形成理论模型。[2]本书在开放编码和主轴编码的基础上，参考各编码环节中的思考备忘录，并将主范畴还原到多所特殊教育学校的情境下进行验证与解释，通过对学校支持、工作投入、专业发展、心理资本四个主范畴之间关系的反复考察和分析，将核心范畴确定为“学校支持对特殊教育教师专业发展的影响机制”。故事线是核心范畴的最终概念化，因此这个“概念标签”需要符合它所代表的故事/数据。围绕这一核心范畴的故事线可以概括为：学校支持是特殊教育教师专业发展的关键前因变量，学校支持直接影响特殊教育教师专业发展。学校支持包括物质支持、制度支持、情感支持、文化支持和专业支持，在特殊教育教师专业发展中发挥着重要作用，学校在这些方面给予特殊教育教师充分的支持，为他们提供良好的工作环境、稳定的福利待遇、规范的管理制度、积极的情感支持、正向的文化氛围以及充足的专业发展机会，从而推动特殊教育教师的成长和提升。同时，学校支持通过影响特殊教育教师的心理资本间接影响其专业发展；学校支持通过影响特殊教育教师的工作投入间接影响其专业发展；学校支持通过影响特殊教育教师的心理资本与工作投入链式影响其专业发展。

四、理论饱和度检验

理论饱和（Theoretical Saturation）是一种研究者对理论的知识强度和性

[1] 汪悦，梁红.思政课教师主体性生成的心理机制及模型——基于H大学S教学团队的扎根理论探索[J].中国人民大学教育学刊，2023（1）：54-66.

[2] 陈向明.质的研究方法与社会科学研究[M].北京：教育科学出版社，2000：56-70.

质感到满意的状态和程度，当研究人员在数据收集的过程中发现新收集的数据不再衍生新的理论洞见，与已有数据有所重复且显得“多余”时，即可算作数据达到饱和状态。[1]为检验学校支持对特殊教育教师专业发展的影响机制的理论模型是否达到饱和，本书参照费兰西斯（Francis）等人的研究，继续访谈五名特殊教育教师来验证已有数据是否达到饱和，将访谈资料按照上述流程进行了三级编码分析，没有发现新的重要范畴和关系，这说明本书建构的理论模型已经达到了理论饱和度的要求。

第三节　质性研究的信度与效度

一、研究的信度

在质性研究中，信度是指运用合适的方法程序以保证数据解释的质量和一致性。[2]这与量化研究的信度有所不同，量化研究中所谓的信度指研究结果的可重复性，定量研究人员采用统计方法确定研究结果的可靠性。“质性研究信度和效度要求注重样本的代表性和对理论发展的贡献”[3]，信度关乎研究的质量问题，确实性、可转换性、可靠性和可确认性四个因素是建构质性研究信度的标准。[4]确实性关注的是质性研究的内在一致性，也就是研究

[1] 谢爱磊，陈嘉怡.质性研究的样本量判断——饱和的概念、操作与争议[J].华东师范大学学报（教育科学版），2021（12）：15-27.

[2] 马龙海，许国动.大学校长领导力发展的分析模型：框架与方法[J].国家教育行政学院学报，2015（12）：8-13.

[3] 杨学成，许紫媛.从数据治理到数据共治——以英国开放数据研究所为案例的质性研究[J].管理评论，2020，32（12）：307-319.

[4] 张小红.教育质性研究的信度的构建[J].辽宁教育行政学院学报，2011，28（4）：17-19.

者怎样在研究的各个阶段确保研究结果的高可靠性；可转换性是研究结果在某种条件下也能适用于其他类似的群体或情境；可靠性是研究者能够采用正确的方式收集数据与分析数据，确保其与实际情况相符；可确认性是读者能够评价研究结果来源于数据而不是研究者的先入之见。

为了提高研究的信度，本书采取了以下几个方面的措施。（1）专业人员实施访谈。笔者是一位具有丰富质性研究经验的教育学、心理学研究人员，以及国家二级心理咨询师，拥有统计学与测量学的专业背景，熟练掌握了扎根理论、三级编码等方法，具备开展质性研究的综合素养。在研究过程中，笔者与受访者（特殊教育教师）建立了互信的社会关系，能够营造融洽的访谈氛围，实时把握自身在访谈过程中的角色定位，采用共情、追问等技巧，逐步深入地提出问题，获取丰富的数据资料。（2）采用科学的流程进行资料收集和分析。在收集资料的过程中，笔者遵循知情同意原则，使用录音笔与智能手机来记录访谈过程中的语音资料，访谈结束后及时使用讯飞听见软件转译录音资料，然后进行核对，确保原始数据的准确度。在编码分析资料时，采用了回溯与解释数据的综合方法，通过对文本材料的连续比较分析，提炼出最能反映受访者观点的概念和分类，以确保研究的可靠性。（3）选择合适的受访者。国家级特殊教育师资培养培训基地、某省特殊教育发展研究中心、某省特殊教育资源中心挂靠在笔者所在的单位，有利于笔者依托自己主持的相关科研项目和这些平台筛选特殊教育教师样本。（4）加强沟通。考虑到个人知识背景、思维角度的局限性可能影响到研究结果，笔者在研究中经常与教育学、管理学、心理学领域的资深研究人员就一些资料编码问题进行沟通交流，以确保数据分析具有足够的深度，进而保障研究的科学性。

二、研究的效度

质性研究中的效度虽然概念来源于量化研究，但其内涵与定量研究的效度有较大的区别，定量研究的效度指的是“一个测量工具或手段能够准确测出所要测量事物的程度”。[1] 而在质性研究中，效度主要指研究者所宣称的知识与事实相符合的程度，[2] 效度意味着研究者访谈技巧和分析能力的正确性。社会科学研究领域，研究者对效度的关注日益增加，效度指标引入质性研究反映了其科学性的提高。一般情况下，质性研究的效度通常可以分为解释性效度、评价性效度、描述性效度和推广性效度。解释性效度是指研究者对受访者所提供信息准确解释的程度，评价性效度是研究者价值判断的合理程度，描述性效度是指研究者描述观察到的现象或事物的准确程度，而推广性效度则关注研究结果在其他群体或领域中的适用程度。

本书采用了“三角验证”来确保质性研究的效度。三角验证是“从不同的角度获取研究数据”，[3] 运用多种视角去阐明意义的方法，其目的在于证实研究者观察和解释的有效性。[4] 三角验证可以丰富质性研究中不同方法或不同来源所获得的研究资料，以保证研究的效度。[5] 具体来讲，本书为了提升质性研究的效度，采取了以下几个方面的措施。一是综合考虑被试的年龄、学历、地理位置等因素，笔者依托国家特殊教育师资培养培训基地，从东部、中部、西部地区的多所特殊教育学校中精选访谈对象，以确保数据来源的广泛性和代表性。二是访谈分两个阶段进行，通过面对面的深度访谈和电话访谈相结合的方式收集资料，直到理论饱和，资料类别包括访谈记录、访谈录音、文件等，避免研究材料来源途径单一，避免形成研究资料类别的“三角形”。三是在分析资料时，秉持通过调研获取经验资料进一步提炼理论的原则，采用连续比较法对学校支持影响特殊教育教师专业发展机制问题进行研究，资料收集、资料分析和理论生成交替进行，时间跨度超过一年，力图更为准确、深入地分析研究资料。四是在正式访谈之前，与受访者就日常

---

[1] 蔡新宇，高书丽.中国与俄语区国家教育合作意愿研究[J].国家教育行政学院学报，2020（2）：79-87.

[2] 李超平.变革型领导与团队效能：团队内合作的跨层中介作用[J].管理评论，2014，26（4）：73-81.

[3] 谢立欣.三角互证研究方法在教育学研究中的应用[J].中国校外教育，2013（7）：105，167.

[4] 邓津.定性研究：策略与艺术（卷二）[M].重庆：重庆大学出版社，2007：476.

[5] 许晖，丁超，王亚君，等.海外客户参与视角下的远程客户信任构建机制——基于外贸企业艾永特和海安格力的双案例研究[J].管理学报，2020，17（9）：1277-1286.

生活中的问题进行交流，拉近彼此的心理距离，建立融洽的访谈氛围；访谈后，笔者与受访者长期持续就相关问题进行沟通，核实编码分析所创建的概念和范畴是否充分反映了研究现象，确保了质性材料的准确性和有效性。

第四节　学校支持对特殊教育教师专业发展影响机制的理论模型及阐释

一、学校支持对特殊教育教师专业发展影响机制的理论模型

基于对原始访谈文本数据的编码分析，经过开放编码、主轴编码和选择编码三个阶段，本书最终建构学校支持对特殊教育教师专业发展的影响机制理论模型。该模型反映了学校支持、心理资本、工作投入和特殊教育教师专业发展四个变量之间的关系，学校支持的直接关系路径和间接关系路径均会影响特殊教育教师专业发展。其核心思想是：（1）学校支持直接影响特殊教育教师专业发展；（2）学校支持通过心理资本和工作投入间接影响特殊教育教师专业发展：①特殊教育教师的心理资本在学校支持与专业发展之间起到中介作用；②特殊教育教师的工作投入在学校支持与专业发展之间起到中介作用；③学校支持通过心理资本与工作投入的链式中介作用对特殊教育教师专业发展产生正向影响（见图3–2）。

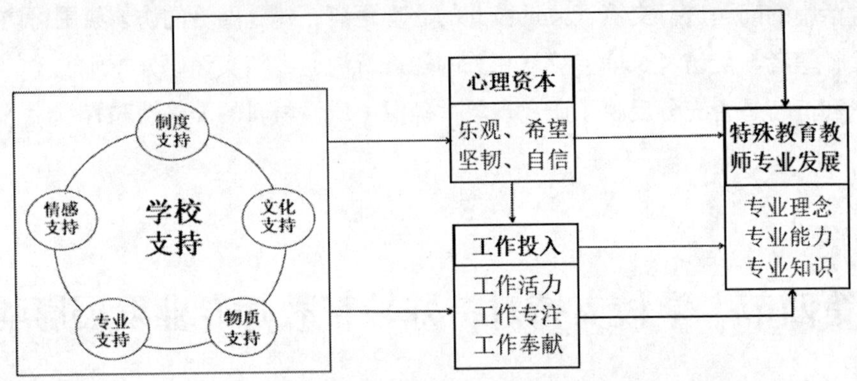

图3-2 学校支持对特殊教育教师专业发展影响机制的理论模型

二、学校支持对特殊教育教师专业发展影响机制的理论模型阐释

（一）学校支持对特殊教育教师专业发展的直接影响

学校支持如何影响特殊教育教师专业发展呢？根据组织支持的直接影响效应论，组织支持对员工的工作产出有直接影响，员工的组织支持感增加，其相应的工作产出，如工作满意度、组织承诺、职业幸福感、工作绩效、组织公民行为等随之增加。[1] 可见，学校支持能够正向影响特殊教育教师专业发展。学校作为最适宜教师专业发展的场所，[2] 特殊教育教师的发展离不开来自学校的制度、专业、情感、物质、文化等各个方面的支持，学校对教师专业发展的支持力度直接影响着特殊教育教师专业发展的深度和广度。

---

[1] 谢竹云.组织支持感、心理资本与员工工作产出研究[M].镇江：江苏大学出版社，2014：73.

[2] 陈珅，陈科，李永鑫.河南省中小学心理健康教师的心理健康素养[J].中国健康心理学杂志，2021，29（8）：1219–1224.

社会交换理论认为，人类行为都可以视为一种交换活动，受到能够获得奖励和回报的动机支配。在学校支持与特殊教育教师专业发展的关系中，教师和学校之间的互动可以看作一种社会交换，遵循互惠原则。教师在专业发展中需要获得特殊教育学校的支持，包括提供教学资源、培训机会、职业晋升途径等。这些物质、专业、文化等方面的支持对特殊教育教师来说是一种收益，能够帮助他们丰富专业知识和技能，提升职业地位。而特殊教育学校则期望通过支持教师专业发展，获得相应的"回报"，这种回报主要体现在教师的教学表现、科研成果、学校口碑、学生评价等方面。优秀的教师能够提升学校的声誉、吸引更多的学生和资源，从而为学校带来更多的实际利益。由此可见，特殊教育教师的专业发展是他们与学校的社会交换关系中长期互动的连续性过程和阶段性结果。结合访谈资料的编码与分析，可以发现学校支持对特殊教育教师专业发展的直接影响主要体现为以下几点。

第一，物质支持是特殊教育教师专业发展的基础。特殊教育学校的地理环境、校容校貌、硬件设备、福利待遇等为教师专业发展创建了平台和基础条件，让特殊教育教师愿意扎根特殊教育领域，能够安心教书育人，并拥有了提升自身专业水平的"定力"。这些物质层面的因素反映了马斯洛需求层次理论中的生理需求和安全需求，它们处于最底层，是特殊教育教师最基本的需求，具有推动行为的强大动力，是教师立身和发展的基础。如有受访者表示"搞特殊教育不能只讲责任和情怀，有钱才是硬道理，解决好了资金的问题，教师的学习和发展都跟上来了"（A06）；"我们特校老师的工资涨了，这一点我觉得还是很不错的，比很多普校的老师都高呢"（A03）；"现在学校的硬件设施更新得很快，逼着我们主动去学，不然这些新设备我们都不会操作了"（C05）。

第二，制度支持是特殊教育教师专业发展的保障。特殊教育学校通过制度体现出组织的行为模式和规范，[1]并作用于学校内的每一名教师，学校制定的培训制度、教研组研讨制度、绩效分配制度、主题报告制度、听课评课

[1] 韩双淼，谢静.中国教育的政策试验式改革：一个分析性框架[J].浙江大学学报（人文社会科学版），2022，52（8）：109-121.

制度等，特教教师专业发展对教师具有导向、约束和激励等功能，是特殊教育教师专业发展的保障。如有受访者认为“人是缺乏自律性的，要谈教师专业发展就需要制度制约，如果没有成文的规定，一切都是空谈”（C03）；“我觉得制度对自己的专业发展影响最大，有了制度就有要求，那我就不得不做，做了才有收获”（C07）；“制度不能太多，如果学校规定死了，老师们上课就没有自主权了，还怎么教学和创新”（C02）。

第三，专业支持是特殊教育教师专业发展的关键。教师专业发展离不开学校提供的各种专业资源，如外出培训、交流学习、集体教研、网络学习资源、专家讲座等。多位中西部特殊教育学校的受访者提到专业支持的重要性，同时表达了当前学校给予教师的专业支持较为有限，如“现在我们还不能登录知网，学校买一些数据库，我们就能下载文献看了”（A07）；“希望学校多提供一些交流学习的机会，让老师们‘走出去’看看”（A01）；“如果能把专家邀请到学校来现场指导，我觉得不仅节约了经费，而且所有老师都能参与，对老师的专业发展最有帮助”（B03）。特殊教育学校可以加强校际资源共享与整合，为教师提供丰富的专业资源，为教师专业成长创造更加多元的机会，让他们在各种专业活动过程中不断学习与进步，从而提高其专业知识和能力。

第四，情感支持是特殊教育教师专业发展的动能。情绪情感是人的一种内动力，潜藏着无限的力量。根据需要层次理论，特殊教育教师具有强烈的尊重需要、情感和归属需要。特殊教育教师在专业发展过程中感知到来自学校领导、同事以及学生的尊重、理解与关心程度越高，越能转化为专业发展的内在动力，更加愿意积极投身于特殊教育工作和自我发展中。如有受访者说道“我们办公室的王老师脾气很好，很会关心人，刚来学校时，多亏了她的帮助，我才适应这个地方”（A06）；“之前学校举办了趣味运动会，效果就很好啊，老师们都参与了那个‘信任跌倒’游戏，拉近了彼此之间的距离，大家在工作中的交流都更多了”（C04）。

第五，文化支持是特殊教育教师专业发展的核心。精神文化本身就是一股非常强大的凝聚力量，它是由组织成员共同创造出来的群体意识，不同的学校具有不同的组织文化。特殊教育学校通过营造和睦友爱、团结向上的工作氛围，无形中对特殊教育教师产生激励和促进作用，使他们在潜移默化中接受共同价值观念和理想追求。有受访者提到“我们学校有一个小组磨课、集体备课的传统，大家坐在一起讨论、分享，那些经验丰富的老师讲的很多东西都非常有用”（C01）。学校文化氛围会影响特教教师参与专业发展活动的意愿和程度，积极的文化氛围能在无形中推动教师参与各种专业成长活动，从而提升教师专业发展水平。[1]基于学校支持的自主发展是教师专业发展最基本、最有效的途径，[2]学校支持直接影响特殊教育教师专业发展。

（二）学校支持对特殊教育教师专业发展的间接影响

1.学校支持通过特殊教育教师的心理资本间接影响其专业发展

根据组织支持的间接影响效应论，组织支持对员工的工作产出是一种间接关系，影响过程中存在中间变量，但中间变量究竟是什么？心理资本的提出为解决上述问题提供了重要线索。[3]已有研究发现心理资本能够激发个体的主动性和创造性，将潜力转化为自身实际能力，[4]对个体的态度、行为和绩效产生显著影响。从访谈数据看，特殊教育教师的心理资本是其具备的积极心理状态或心理资源，主要表现为：特殊教育教师对自身参与各种专业活动提升专业水平有正向的推断，面对各种工作任务时，有信心完成；对现在的工作处境和未来的职业发展有着积极的归因，相信自己努力工作总会有所回报；制定了专业发展的目标，并根据目标实施行动、坚持不懈；当工作中受到挫折时（公开课不成功、比赛未获奖等），能够迅速调整自己、积极应对。特殊教育教师的心理资本对于其专业发展尤为重要，其原因主要有：一方面，普通民众眼中的特殊教育教师往往是“没有技术含量”的职业，对特殊教育存有明显的偏见，甚至被视为“低人一等”的教育，特殊教育教师没

---

[1] 王双龙.教师自我意识与学校支持氛围对教师专业发展的影响研究[J].教育科学研究，2017（11）：74–78.

[2] 杨宝忠，孟晶，杨思垠.基于乡村新教师专业发展需求的学校支持研究[J].中小学教师培训，2016（12）：1–5.

[3] 谢竹云.组织支持感、心理资本与员工工作产出研究[M].镇江：江苏大学出版社，2014：74.

[4] 蒋建武，赵曙明.心理资本与战略人力资源管理[J].经济管理，2007（9）：55–58.

有得到应有的尊重；另一方面，特殊教育教师因服务对象需求的特殊性和多样性，工作负荷大、心理压力大、职业倦怠感较为严重。因此，特教教师只有具备了足够的心理资本，才能认同自己的职业，积极应对工作中的困难，专注于自身发展。

特殊教育教师感知到学校给予自己的各种支持时，心理上就会处于一种积极的心理状态，对待工作充满乐观和希望情绪，当自己工作中取得成绩时（如评奖评优、职称晋升）倾向于积极归因，归因于个人内部因素；当工作中遇到的困难和挫折，归因于外部因素。在学校支持的背景下，特殊教育教师面对充满挑战性的工作，更有信心（自我效能感）克服困难、完成任务，如有受访者说道“去年安排我担任听障班的班主任，工作量增加了很多，手语又不熟，很有难度，不过我觉得这对我也是一种锻炼”（B05）。即使工作中受到了挫折，特殊教育教师也不用担心来自学校的惩罚，而是调整状态，继续做好当前的工作，以一种积极的方式来应对挫折。可见，学校通过提供有形或无形的资源让特殊教育教师感受到重视和关心，可以激发他们自信、希望、韧性等心理资源，进而以更为积极的心理状态投入教育教学工作，提升自己的专业发展水平。

2.学校支持通过特殊教育教师的工作投入间接影响其专业发展

依据社会交换理论，特殊教育教师会根据学校对他们工作合同的执行情况以及他们能够获取的资源来评估自己的投入，当他们从学校的资源中受益更多，感受到更强烈的支持时，他们为学校作出更大贡献的意愿也相应增强，从而展现出更多符合学校组织目标的行为，努力提升专业知识和技能。从访谈的数据看，特殊教育教师的工作投入表现为认同自己工作的重要性，乐于花费时间投入特殊教育工作和角色中，专注工作内容，通过行动表达对特殊教育的认知和情感。有受访者说道“作为老师就不应该把心思放在搞副业上，应该把课上好”（A07）；“只要我们老师不放弃他们，把自己的该做的工作做好，培智的孩子都会好起来的”（A05）。

当特殊教育学校明确了教师专业发展的激励制度，为特殊教育教师提供个人发展的机会和空间，创建和谐的组织文化氛围时，他们往往会产生强烈的工作认同感，工作干劲十足，不仅能够保质保量地完成本职工作，甚至愿意多承担一些工作任务，下班后仍然留守在学校继续工作。有受访者表示"特殊教育很有意义，能帮助到很多孩子，我觉得自己挺适合在特校工作"（A08）。特殊教育教师之间建立了良好的人际关系，沟通交流更加频繁，在工作中乐于共享资源，互相帮助，共同进步。有受访者提到"其他老师给了我很多资料，我摸索了一段时间，慢慢学会了艺术治疗"（C01）。此外，当特殊教育教师感受到学校给予的各种专业支持时，他们工作的主动性更强，更愿意参与各种专业活动，如公开课、远程研修课程、听课评课、教学技能大赛、专家讲座等，全方位地提升自己的专业理念、知识和技能。可见，学校支持能够通过影响特殊教育教师的工作投入间接影响其专业发展。

3.学校支持通过特殊教育教师的心理资本与工作投入链式影响其专业发展

班杜拉的三元交互决定论指出，个体、环境和行为在相互影响的过程中发挥作用，三个因素相互依存、相互促进。[1] 特殊教育教师专业发展是个体、环境和行为交互作用的实践过程，既受学校支持等环境因素的影响，又受到教师心理资本、工作投入等个体心理和行为因素的影响。从访谈数据看，当学校向特殊教育教师提供物质化或者非物质化的资源，强化了学校与教师之间的情感联结，增强了特殊教育教师自身专业发展的意识和动力，激发了特教教师在专业发展过程中遇到困难时坚忍顽强的精神以及工作中持有的积极乐观态度等内在心理资源，这些积极的心理资本具有补充能量、强化动机的作用，可以帮助特殊教育教师调节态度和行为，如韧性心理资本帮助他们对抗压力，以一种积极心态克服工作中的各种困难，保持工作热情，迅速有效地进入工作状态，专注于工作本身，提高工作效率，高质量地完成工作。有受访者提到"那次赛课准备了很久，最后竟然没有获奖，开始自我怀疑了，那段时间状态很不好。但就是因为对这种低迷状态的不满，继而产生了强烈的发展欲望"（B04）。同时，特殊教育教师在增加工作投入，提升自

[1] 班杜拉.思想和行动的社会基础：社会认知论[M].林颖，等，译.上海：华东师范大学出版社，2018：2-10.

己专业知识和技能的同时，形成了良好的工作氛围，带动学校的同事积极参与专业活动，共同提升专业水平。如有受访者谈到“经常看到我们校长手把手地教培智的孩子洗脸刷牙、穿衣服、戴帽子、整理床铺，搀扶那些腿脚不灵便的孩子上厕所，还有带他们做康复训练，这些对我影响挺大的”（A06）；“看到其他老师工作特别认真，没吃午饭都还在办公室加班，自己不能太懒惰了，也要多做点事情”（C04）。可见，学校支持能够通过影响特殊教育教师的心理资本和工作投入间接作用于其专业发展。

第五节 本章小结

本章采用质性研究方法，对特殊教育教师开展一对一的深度访谈，收集原始访谈资料，在开放编码、主轴编码和选择编码三级编码分析的基础上，构建学校支持对特殊教育教师专业发展影响机制的理论模型。根据组织支持的直接影响效应论和间接影响效应论，进一步阐释学校支持对特殊教育教师专业发展影响机制的理论模型，学校支持的直接关系路径和间接关系路径均会影响特殊教育教师专业发展：学校支持（物质支持、制度支持、文化支持、专业支持、情感支持）直接影响特殊教育教师专业发展，物质支持是特殊教育教师专业发展的基础，制度支持是特殊教育教师专业发展的保障，专业支持是特殊教育教师专业发展的关键，情感支持是特殊教育教师专业发展的动能，文化支持是特殊教育教师专业发展的核心。学校支持通过心理资本间接影响特殊教育教师专业发展，学校支持通过工作投入间接影响特殊教育教师专业发展，学校支持通过心理资本和工作投入间接影响特殊教育教师专业发展。

第四章 学校支持对特殊教育教师专业发展影响机制的实证检验

基于学校支持对特殊教育教师专业发展影响机制的理论模型，本章应用量化研究方法对学校支持影响特殊教育教师专业发展的机制进行检验，主要内容包括四大模块：首先，在理论分析的基础上，提出学校支持对特殊教育教师专业发展的直接作用和中介作用路径假设；其次，将学校支持视为自变量，心理资本和工作投入视为中介变量，特殊教育教师专业发展视为结果变量，自编或选取相应的测量工具对研究变量进行测度；再次，选取特殊教育教师为样本实施调查，发放问卷，回收和整理数据；最后，运用相关分析、分层回归、Bootstrap等多种方法对研究所提出的假设进行实证检验，验证并阐明学校支持对特殊教育教师专业发展的影响机制。

第一节 研究假设

一、学校支持对特殊教育教师专业发展的直接作用路径假设

学校支持作为组织中的“社会互动”，不仅发生于个人之间，还包括个人和学校环境。学校作为最适宜教师专业发展的地方，学校支持与教师关系最为紧密。[1]一方面，学校为特殊教育教师专业发展提供制度保障。学校通过制度体现出组织的行为模式和规范，作用于学校组织内的每一名成员，[2]以确保教师在教学实践中能够遵循统一的标准和要求，从而提高他们的专业素养和教育教学水平。特殊教育学校制定的培训制度、教研组研讨制度、主题报告制度、教师流动制度等，均对教师的专业发展有巨大影响，学校的制度支持关注的是教师专业发展的全局，是教师专业发展的根本性策略。[3]另一方面，过多的制度可能会给特殊教育教师专业发展带来压力和约束，如要求每一名特教教师完成大量的培训任务或者按照特定的教学方案进行教学，这可能会限制特殊教育教师工作的创造性和灵活性，影响他们的工作积极性和效率。基于以上分析，本书提出如下研究假设。

H1a：制度支持对特殊教育教师专业发展产生倒“U”形影响。学校为特殊教育教师专业发展提供情感归属。一方面，学校的情感支持向特殊教育教师传递出尊重、关心与信任的信号，这种信号能有效激发特殊教育教师的工作积极性。特殊教育教师在专业发展过程中感知到学校领导、同事以及学

[1] 吕亚楠.乡村教师专业发展支持系统的现状分析及重构[J].教育理论与实践，2016，36（17）：22-24.

[2] 张新平.对义务教育优质学校及其建设路径的几点思考[J].教育研究，2015，36（4）：70-78.

[3] 吴亮奎.乡村教师专业发展的矛盾、特质及其社会支持体系构建[J].教育发展研究，2015（24）：47-52.

生的理解和关心程度越高，越能将这些“情感支持”转化为专业发展的内在动力，主动投身于特殊学生的教育教学中，为了学校和自身发展表现出更多的组织公民行为。另一方面，根据激活理论，特殊教育教师在与环境互动中体验到的激活水平与工作绩效之间存在倒“U”形关系，当特殊教育教师体验到的情感支持程度正向或负向偏离最佳激活水平时，其专业发展积极性便会受损。如果特殊教育学校领导和同事过多关注和干预教师专业发展，就会导致特殊教育教师变得谨慎和保守，失去挑战和探索的动力，其专业素养和创新能力就会受到抑制。

H1b：情感支持对特殊教育教师专业发展产生倒“U”形影响。学校为特殊教育教师专业发展提供物质支持。学校的办学场地、器材设施、教研经费等物质条件对教师专业发展而言是不可或缺的，对教师的专业学习与合作产生促进或阻碍作用，它们是教师专业发展的基础。特殊教育学校提供一定的物质“激励”能提高教师工作的积极性、主动性，能在一定程度上促进特殊教育教师专业发展。同时，大量研究发现物质奖励会降低内在动机，对内在动机产生侵蚀效应（undermine effect）。[1]学校对特殊教育教师提供的物质支持要掌握“度”，以免过犹不及。[2]过度的物质激励将会削弱教师专业发展的内在动机，从而忽略了对工作本身的兴趣和热情。特殊教育学校只有充分考虑教师的实际需求和工作情况，提供恰到好处的物质支持，才能更好地推动特殊教育教师专业发展。

H1c：物质支持对特殊教育教师专业发展产生倒“U”形影响。学校为特殊教育教师专业发展提供专业支持。教师的专业发展离不开特殊教育学校的各种专业资源，如集体教研、外出培训、交流学习、网络学习资源、专家讲座等，这些专业资源为特殊教育教师的专业发展创造了多元的机会，让他们在各种专业活动中不断提高自身的知识和技能。根据工作要求—资源理论（Job Demands-Resources Theory，JD-R理论），特殊教育教师的工作要求和资

[1] 冯竹青，葛岩.物质奖励对内在动机的侵蚀效应[J].心理科学进展，2014，22（4）：685-692.

[2] 林伟鹏，冯保艺.管理学领域的曲线效应及统计检验方法[J].南开管理评论，2022，25（1）：155-166.

源之间存在一种动态的平衡关系，适度的工作资源和挑战性任务能够提供专业学习的良好机会，[1]从而帮助特殊教育教师获取知识与技能，并在实践中提升专业素养。当学校的专业资源超过某一阈值之后，就容易导致特殊教育教师的时间和精力过度分散，使用过多的资源去维持不必要的教研活动，进而降低其对专业发展的边际贡献。

H1d：专业支持对特殊教育教师专业发展产生倒“U”形影响。学校为特殊教育教师专业发展提供文化动能。学校作为一种社会组织，其文化本质是一种组织文化，[2]学校领导者通过积极营造一种信任、尊重和支持的工作氛围，使同事之间形成团结协作的关系，无形中会影响教师参与专业发展活动的意愿和程度，激励或促进教师主动参与到学校的教学和管理工作中，为学生提供优质教育服务的同时，提升教师自身的专业发展水平。然而，学校文化氛围对特殊教育教师专业发展同样可能产生消极影响。当学校文化中存在着过分强调教学成果、考试成绩等功利性要求时，过度竞争的氛围会使特殊教育教师承受巨大的工作压力，在教学中缺乏自主性、创造性，出现情绪低落、工作动力不足等职业倦怠的症状，从而影响特殊教育教师的专业发展和工作表现。

H1e：文化支持对特殊教育教师专业发展产生倒“U”形影响。综上可知，学校支持与教师专业发展显著相关。特殊教育教师专业发展同样离不开来自学校的制度、物质和精神等方面的支持，学校支持是促进特殊教育教师专业发展的重要力量。然而，学校支持的投入并不总是越多越好，“过犹不及”效应已广泛体现在管理学研究的各个领域，当一个前因变量被过度投入时，它与产出之间的相关性可能会减弱或消失，甚至可能出现负相关关系。[3]

---

[1] 蔺海沣，张智慧，赵敏.学校组织文化如何影响乡村青年教师留岗意愿——组织承诺的中介效应分析[J].教育研究，2021，42（8）：142-159.

[2] 王双龙.教师自我意识与学校支持氛围对教师专业发展的影响研究[J].教育科学研究，2017（11）：74-78.

[3] 林伟鹏，冯保艺.管理学领域的曲线效应及统计检验方法[J].南开管理评论，2022，25（1）：155-166.

根据激活理论，特殊教育教师在中等激活水平下能够得到最佳刺激。[1]学校支持处于适宜水平时，有助于激发特殊教育教师教育教学的热情和创造力，提高认知的灵活性水平与复杂性水平，更好地应对工作中出现的挑战和困难，增强抗压能力和心理素质，促进特殊教育教师专业成长。过度的学校支持可能会让特殊教育教师失去自我控制感和独立性，此时提供给教师的支持不再是专业发展的动力，反而成为一种威胁，高负荷的工作会让教师沮丧和焦虑，认知资源衰减，降低其工作状态和积极性，从而对特殊教育教师专业发展产生负面影响。

H1：学校支持对特殊教育教师专业发展也会产生倒“U”形影响。

二、工作投入的中介作用路径假设

根据组织支持理论，组织对于员工的关心和重视是员工愿意为组织作出贡献的重要原因，员工能依靠努力工作得到收益和社会奖赏。[2]组织支持可以通过强化情感承诺提高员工的敬业度，增加其对工作的投入程度和对组织的归属感。根据个体与环境匹配理论，当环境满足了个体的基本心理需要时，个体与工作环境良性互动，其学习动机就会上升，学习和工作投入水平也会增加。已有研究表明，组织因素和工作环境会显著影响员工的工作投入，组织支持与工作投入呈显著正相关。[3]学校作为特殊教育教师工作的基本单位和重要组成部分，是影响工作投入的重要方面，[4]其各类制度、物质

[1] Gardner D G.Activation theory and task design：an empirical test of several new predictions[J].Journal of Applied Psychology，1986，71（3）：411-418.

[2] 邵芳.组织支持理论研究评述与未来展望[J].经济管理，2014，36（2）：189-199.

[3] 伍新春，齐亚静.职业心理健康视角下教师工作资源的分类及其启示[J].北京师范大学学报（社会科学版），2021（5）：48-55.

[4] 徐长江，陈实，毛梦雨.从个人—环境匹配视角看高校教师的工作投入[J].黑龙江高教研究，2017（3）：127-131.

条件、文化氛围等都会对教师的工作投入产生影响。特殊教育教师通过衡量劳动合同中可以获得资源与学校对劳动契约的履行情况来决定自己的付出，他们在人际关系与学校工作资源中获得越多，得到学校支持的力度就越大，回报组织的心理动力就越强，工作投入也就越高。已有研究发现，教师感受到的组织支持感与工作投入水平具有正相关关系。[1]但是前因变量的正向效应也是有临界点的，学校支持并非越多越好，当特殊教育学校给予教师过多的支持，过度关注教师的工作时，他们会因无力“回报”而感到巨大的压力，失去工作的主动性和创造性，从而影响到自身工作的内驱力和行为。综上所述，本书提出如下假设2。

H2：学校支持对特殊教育教师工作投入产生倒“U”形影响。工作投入作为一种积极的心理和行为状态，反映出个体在工作中所具有的高能量水平、对组织强烈的认同感以及专注而不涣散的精力。AMO理论认为，能力、动机和机会三者会对员工的行为与绩效产生综合性的影响。当员工对工作高度投入时，其表现出的充沛精力，能够迅速有效地进入工作状态，专注于工作本身，提高工作效率，高质量地完成工作，进而增强工作的自我效能感。高工作投入的特殊教育教师通常对新知识持开放态度，愿意采纳新颖的教学策略，并通过积极调整工作方法来维持其高投入的工作状态，在自身工作能力得以提升的同时，有利于良好的工作氛围的形成。有研究表明，工作投入能够显著提升员工个人的工作绩效、工作幸福感，减少离职倾向，从长期来看还会对个体能力的提高起到促进作用。但是，根据边际效益递减规律，随着工作投入的增加，其所带来的收益在不断减少，工作投入和特殊教育教师专业发展之间的关系存在一个平衡点，平衡点之前工作投入和特教教师专业发展之间呈正相关，增加工作投入可以促进特教教师专业发展；平衡点之后工作投入和特教教师专业发展之间呈负相关。

H3：工作投入对特殊教育教师专业发展产生倒“U”形影响。根据组织支持理论，个体受到组织支持的力度越大，回报组织的心理动力就越强，学

---

[1] 邹逸，殷玉新.新教师组织支持感与工作投入关系的实证研究——以入职适应为中介[J].教育学术月刊，2017（8）：80-87.

习和工作投入水平也会增加。当特殊教育教师感受到高度的学校支持时，他们更倾向于在心理上将自我角色与教师身份相融合，更加积极地投入专业成长中，精力充沛地吸收新知识，提升自己的专业技能，从而促进自身的专业发展。已有研究表明，组织支持显著影响员工的工作投入，工作投入能够提升教师专业发展能动性，激发教师工作的活力和专注度，从而促进教师专业发展。[1]可见，从学校支持到特殊教育教师专业发展的实现，其中关键的一环是特殊教育教师在工作过程中的投入程度。

H4：工作投入在学校支持与特殊教育教师专业发展的倒“U”形关系中发挥中介作用。

三、心理资本的中介作用路径假设

在组织支持的相关研究中，大量研究探讨了组织支持与员工心理资本之间的关系，组织支持感显著正向影响心理资本。[2-3]特殊教育学校作为组织有其特殊性，学校支持属于组织支持的范畴，反映了学校内部成员在相互了解和合作过程中形成的一种集体性认知，反映了学校组织帮助教师顺利完成工作的程度。[4]

教师作为特殊教育学校组织的成员，其专业发展必然会受到学校的制度规范、物质资源、文化氛围等方面的影响。[5]心理资本作为个体在成长和发

---

[1] 王晓丽，齐亚静，姚建欣.乡村教师教学自主权对专业发展能动性的影响：工作投入的中介作用[J].中国特殊教育，2018（11）：92-96.

[2] 陈娜.外包行业招聘岗位员工工作幸福感、组织支持感和心理资本关系[J].中国健康心理学杂志，2020（7）：1033-1038.

[3] 王静，陈虹.组织支持感对中学教师心理资本的影响研究[J].心理月刊，2020（5）：1-13.

[4] 王娇艳.特殊教育教师心理资本研究[M].南京：南京大学出版社，2020：102-111.

[5] 赵明仁，陆春萍.新时代我国高素质专业化创新型教师队伍建设论纲[J].教育科学，2021，37（1）：9-16.

展过程中表现出来的一种积极心理状态和心理资源，与个体的态度、行为和绩效密切相关。全球有数以千计的研究和应用项目，在探究心理资本对改善个体、群体、组织效力的帮助。根据工作要求—资源模型，学校支持被视为一种有益的资源，它有助于特殊教育教师完成工作目标并促进其个人职业发展。支持性资源包括学校提供的专业发展机会、领导的鼓励、同事间的合作、充足的教学资源以及积极的工作环境等，它们共同作用于提升教师的工作动力和效能，从而帮助教师更好地应对工作中的要求和挑战，促进教师的组织承诺，加强教师与工作相关联的情感。已有研究发现中小学教师心理资本受学校支持气氛影响，教师个体对学校支持的知觉与心理资本显著相关。[1] 基于此，本书提出如下假设。

H5：学校支持对特殊教育教师心理资本具有正向影响。心理资本是个体所具备的一种积极的心理状态，是提升个体工作绩效和组织竞争力的可开发积极资源。自信、乐观、希望和坚韧是心理资本的核心要素，它能让个体无论是遇到顺境还是逆境，都能保持积极乐观的态度，并在这个过程中持续积累和强化心理资源。已有研究表明，心理资本能够正向预测教师的工作绩效、职业承诺、工作投入、工作满意度、职业幸福感，负向预测离职倾向、职业压力以及职业倦怠。特殊教育教师专业发展是教师与环境相互作用的过程，其驱动因素主要包括个体因素和环境因素。作为特殊教育教师个体因素的心理资本在其专业发展中起到了十分重要的作用，如韧性心理资本有利于特殊教育教师对抗压力，保持工作热情；自信、希望等心理资源是教师追求专业成长的不竭动力。心理资本显著影响着教师对教学的投入，对各种专业发展活动的参与度，以及专业成果的产出效果。

H6：心理资本对特殊教育教师专业发展具有正向影响。

H7：心理资本在学校支持与特殊教育教师专业发展之间发挥中介作用。

---

[1] 刘毅，吴伟炯，路红，谢雪贤，吴宇驹.个体与群体层次的组织支持对教师心理资本的影响[J].广州大学学报（自然科学版），2013（3）：89–95.

四、心理资本和工作投入的链式中介作用路径假设

心理资本作为一种积极的心理状态或资源，显著影响着个体的认知和行为。根据资源保存理论，心理资本不仅能够为个体提供能量、激发动力，还能维持工作的活力，调节个体态度和行为的作用，是个体动力系统的一个重要部分。具有高水平心理资本的个体，通常拥有充足的积极心理资源，能够以一种积极乐观的心态面对工作，克服工作中的各种困难。工作投入是一种与工作相关的正向的、充实的精神状态，体现了工作中的高能量水平和强烈的认同感。工作—角色匹配、工作资源可获得性、同事鼓励、主管支持等因素均可以通过改变员工心理状态进而影响其工作投入水平。有研究显示，社会支持对员工工作投入的预测效果受员工心理资本的影响。大量实证研究表明，企业员工、护士、教师等群体的心理资本与工作投入具有正相关关系。心理资本能够显著正向预测教师的工作投入、工作满意度、职业承诺和工作绩效，增强教师与工作相关联的情感，促进教师对教学和各种专业发展活动的参与度，以及产生更多的专业成果。特殊教育教师获得越多的学校支持，就越有能力和动力克服困难，提升自己的心理资本，增加对工作的投入程度，从而获得专业的成长。

基于以上论述，本书认为特殊教育教师的心理资本会对其工作投入产生积极的影响，学校支持能够通过心理资本和工作投入的链式中介作用对特殊教育教师专业发展产生影响，由此提出如下假设。

H8：特殊教育教师心理资本对工作投入具有正向影响。

H9：心理资本和工作投入在学校支持与特殊教育教师专业发展之间发挥链式中介作用。

基于理论分析，本书通过构建一个链式中介作用假设模型，实证考察学校支持对特殊教育教师专业发展的影响机制。研究的假设模型见图4-1。

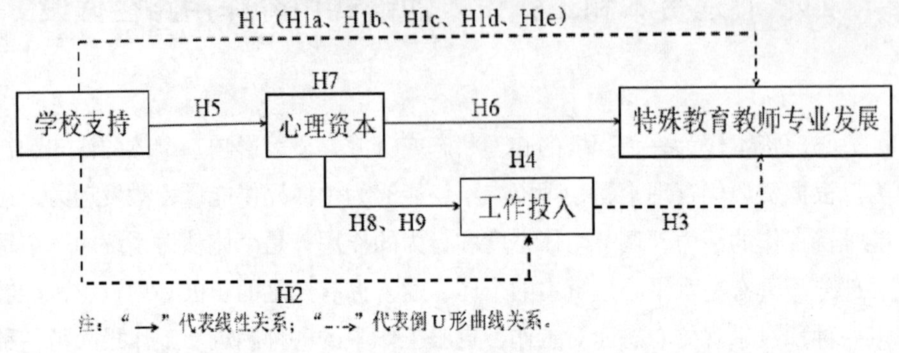

图4-1 研究的假设模型

第二节 研究变量的测量

一、自变量的测量

研究的自变量为学校支持，其测量方法以问卷调查法为主。但目前学校支持尚未形成较为统一的概念和结构，现有问卷并不适用于特殊教育教师群体，难以有效测查学校支持的现状。问卷质量对于获得真实、客观、可靠的研究结论起着至关重要的作用，[1] 为确保编制的问卷能够较好地反映现实问题和研究目的，本书依据Churchill（1979）提出的问卷编制的标准程序，[2] 拟

[1] 吴水龙，白莹，袁永娜，蒋廉雄.电子口碑的影响边界与作用机制研究[J].管理工程学报，2017，31（2）：55-63.

[2] 肖鹏，周杨心悦，刘景东，李林.社会网络、关系质量与新创企业成长关系研究[J].科技进步与对策，2018，35（18）：113-119.

编制一份能够有效测量特殊教育教师学校支持的问卷，为后续实证研究提供较为科学的测量工具。具体操作流程如图4-2所示。

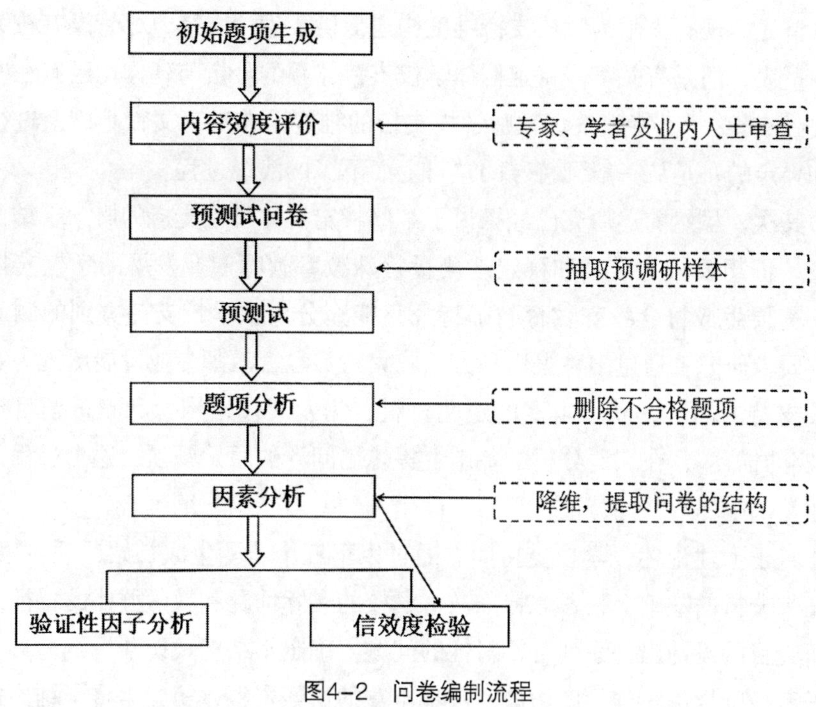

图4-2 问卷编制流程

（一）初始问卷的形成

本书使用演绎法和归纳法生成特殊教育教师学校支持的测量题项。演绎法是从一般性的前提出发，推导得出具体陈述或个别结论的过程。[1] 研究者通过对构念进行大量的文献回顾和分析，用所获知识帮助确定构念的内容范围，为编写问卷的题项提供理论基础。归纳法就是采用焦点小组讨论、个人访谈等方式，从目标人群收集的意见中获得关于结构的定性信息，从事实

[1] 户清丽.主体适应性教学：意蕴、特点与创生[J].教育研究与实验，2015（2）：37-42.

材料出发，提炼出事物之间内在的、本质的联系，它是从事物中找出公理和概念的妥当方法。[1]基于以下两点原因，本书采用演绎和归纳相结合的方式，编制特殊教育教师专业发展学校支持问卷。

首先，现有文献为学校支持维度构建提供了理论支持，尽管没有较为成熟的量表，但是有关某一特定群体学校支持体系的分析与建构均已有一些重要文献支撑，[2–3]特殊教育教师学校支持的维度是在现有文献基础上进行划分和界定的，是从一般到特殊的“自上而下”的演绎过程。

其次，虽然前述研究已经探讨了某些特定群体学校支持的概念、结构及测量，但想要较为准确和稳定地测量特殊教育教师专业发展的学校支持程度，需要生成符合特殊教育教师特征且能充分反映学校支持类别的测量题项。要求研究者通过多种渠道和方法收集特殊教育教师专业发展历程中有关学校支持的内容，获取丰富的定性材料，为发展理论构念和测量题目提供“厚实的描述”，在编码分析的基础上提炼出问卷的原始题项，这个过程是从具体实例中提取共性特征，采用“由个别到一般”的归纳策略。

基于上述论述，学校支持问卷通过以下三个步骤生成初始题项：第一，在文献分析的基础上，考虑特殊教育学校的实际情况和教师群体的特征，根据研究目的设计出一系列有针对性的问题，确定半结构式访谈提纲，再对特殊教育教师样本实施深度访谈，收集丰富的访谈资料；第二，将半结构式访谈获得的资料转化为文字资料进行编码分析，结合学校支持的概念，确定初始问卷的维度；第三，对初始问卷的题项进行初步评估和修改，仔细审查每个题项的内容和表达方式，以确保题项的相关性、准确性和清晰性。

1.访谈提纲及实施

在制定访谈提纲时，紧密围绕学校支持的核心要素，全面且详尽地捕捉

[1] 袁振国.教育规律与教育规律研究[J].华东师范大学学报（教育科学版），2020，38（9）：1–15.

[2] 吴军其，王薇.智能时代中小学教师专业发展的学校支持研究[J].教育研究与实验，2021（4）：83–87.

[3] 罗乐，向友余.脑瘫学生学校适应与学校支持系统的相关研究[J].中国特殊教育，2011（7）：18–22.

特殊教育教师对学校支持的感知。访谈问题的设计旨在引导受访者回忆和描述他们所经历的学校支持的具体类型或相关场景，从受访者的态度、行为反应以及个人感受等多角度进行深入探讨，以揭示特殊教育教师如何体验和评价他们所获得的学校支持，为理解学校支持对特殊教育教师专业发展多方面的影响提供全面的视角。本书所采用的半结构式访谈提纲见表4-1。

表4-1　访谈提纲

1.当您刚刚成为一名特殊教育教师的时候，学校给予了您哪些支持？
2.您觉得学校对教师专业发展的支持力度大吗？有哪些具体表现？
3.您是如何理解学校支持的，它包括哪些方面？
4.学校已经采取了哪些措施，帮助大家提升专业水平？
5.学校哪些举措对您的专业发展产生了长远的影响，为什么？
6.学校促进教师专业发展的举措产生了怎样的效果？
7.学校支持对您的专业发展影响大吗，体现在哪些方面？
8.就您自身的专业发展而言，您还需要的学校支持有哪些？
9.您认为学校还可以采取哪些举措，促进特教教师专业发展？
基础信息：年龄，教龄，婚否，性别，学历，专业背景。

访谈对象为11位特殊教育教师，其中2人为特殊教育学校校长。在2022年6月至7月期间进行了访谈，为了受访者的便利，5位受访者采取面对面访谈，另外6位受访者则通过电话进行访谈。受访者的平均年龄为37.6岁，每次访谈的持续时间从29分钟至53分钟不等。在受访者明确同意并了解研究目的和程序后，访谈过程被全程录音。访谈结束后，所有录音资料都被转换成了书面文本，以便进一步分析。

2.确定初始问卷的维度

首先，将访谈录音转换成书面文本作为编码分析的基础，以独立的陈述句为单位进行内容编码，初步得到了659条原始陈述。接着对这些陈述进行筛选，移除了285条语义不明确或与学校支持主题不相关的陈述，剩下374条与主题紧密相关的陈述，并对它们进行初步的分类。分类完成后，将相似或相关的陈述合并，归纳为102个有意义的陈述条目，然后进行更深层次的概念整合，提炼出核心的概念和类别。其次，总结出特殊教育教师学校支持的五个维度类别：学校为特殊教育教师专业发展提供必备的物质基础；学校为特殊教育教师专业发展制定相关制度；学校为特殊教育教师专业发展创设文化氛围；学校为特殊教育教师专业发展提供情绪情感方面的支持；学校为特殊教育教师专业发展提供相应的专业资源。初步确定特殊教育教师学校支持包括物质基础、制度牵引、文化创设、情感关怀和专业指导五个基本维度。

3.形成初始问卷的题项

根据初步确定的学校支持的维度，结合特殊教育学校的实际情况，进行问卷题项的收集与编制，每一个维度选取9个到15个问题作为原始条目，每个问题以第一人称的方式使用通俗易懂的表达，最终建立起56个条目的题库。在题库建立后，由2名心理学博士研究生和5名一线特殊教育教师对问卷的题项进行审读和评估。在评估过程中，我们主要关注两个方面：一是验证各个题项的描述是否准确反映了相应维度的内容，是否与特殊教育学校的实际情境相吻合。二是对题项的语言表述进行了审查，确保它们遵循语法规则并具有良好的可读性，检查句子的流畅性、清晰性以及是否存在任何可能引起误解的表述。根据评估意见，修改了其中的9个条目，删除了其中的14个条目，最终初测问卷拟定为42个题项，采用李克特五点计分法进行计分，“完全不符合”到“完全符合”分别计1分到5分。初始问卷见附录二。

（二）预调研及问卷修正

采用方便抽样方法，对四川省19所特殊教育学校的612人发放初始问卷，问卷通过问卷星官方网络平台发放，请特殊教育校长或教师将电子问卷链接及填写要求发至同事群，强调数据用于科学研究，将严格保密，请特殊教育教师根据真实情况填写。在数据收集完毕后对问卷进行筛选，排除了那些存在规律性回答和未作答项的问卷，最终获得有效问卷518份，有效率84.6%。被试年龄范围23~57岁，其中男性187人（32.3%），女生392人（67.7%）。使用SPSS 23.0 对初测样本进行项目分析；采用AMOS 24.0进行探索性因素分析。

1.项目分析

本书运用了临界比值法和相关法对问卷项目进行分析，以确保每个项目都能有效区分不同受访者的回答，具有良好的鉴别力。我们使用“临界比率值（Critical Ratio，CR）”来评估题目的区分能力，具体操作是，先将所有受访者根据他们的问卷得分从低到高进行排序，选择得分最低的27%和得分最高的27%作为两个对比组，每组各156人，随后对这两组受访者的得分进行了独立样本 t 检验，比较他们在各个题目上得分的差异。如果某个题目的CR值达到显著性水平，表明该题目具有较好的区分度。分析结果显示，低分组和高分组总分差异显著（$t = -61.28$，$p < 0.001$），所有题目的CR值均达到显著水平（$p < 0.05$）。因此，这些题目可以保留在问卷中。相关法采用每个题项与问卷总分的积差相关作为衡量指标，相关程度越高，题项的鉴别能力越强；相关系数小于0.4，表示题项与整体问卷的同质性不高，建议删除。[1]如表4-2所示，题项t5、t10、t16、t24、t30的相关系数 $r < 0.4$，这5个题项鉴别力较差，应将其删除，剩余37个题项可以进行探索性因素分析（见表4-2）。

表4-2　初始问卷题项分析

项目	M ± SD	CR值	题总相关（r）	项目	M ± SD	CR值	题总相关（r）
t1	3.69 ± 0.97	−11.83***	0.49***	t8	3.25 ± 1.06	−15.36***	0.60***
t2	3.57 ± 0.92	−14.11***	0.58***	t9	3.45 ± 1.14	−18.37***	0.67***
t3	3.78 ± 1.03	−10.91***	0.47***	t10	3.27 ± 1.09	−8.71***	0.38***
t4	3.76 ± 1.02	−12.97***	0.53***	t11	3.17 ± 1.04	−16.08***	0.62***
t5	3.17 ± 1.28	−7.94***	0.36***	t12	3.48 ± 1.07	−16.49***	0.63***
t6	3.69 ± 1.03	−13.91***	0.55***	t13	3.67 ± 0.95	−13.93***	0.56***
t7	3.28 ± 1.13	−13.43***	0.54***	t14	3.94 ± 1.21	−9.38***	0.41***

[1] 吴明隆.问卷统计分析实务：SPSS操作与应用[M].重庆：重庆大学出版社，2010：181.

续表

项目	M±SD	CR值	题总相关（r）	项目	M±SD	CR值	题总相关（r）
t15	3.18±1.14	−12.97***	0.53***	t29	3.67±0.97	−15.83***	0.61***
t16	3.53±1.35	−7.62***	0.31***	t30	3.26±1.29	−6.17***	0.22***
t17	3.97±0.96	−14.62***	0.59***	t31	3.61±1.13	−10.87***	0.45***
t18	3.53±1.08	−13.68***	0.57***	t32	3.76±1.02	−12.07***	0.49***
t19	3.45±1.03	−15.82***	0.61***	t33	3.79±0.99	−12.42***	0.50***
t20	4.01±1.07	−9.76***	0.42***	t34	3.76±0.98	−17.01***	0.64***
t21	3.94±1.03	−11.93***	0.48***	t35	3.35±0.94	−16.37***	0.62***
t22	3.81±1.06	−13.27***	0.55***	t36	3.73±1.12	−10.68***	0.43***
t23	3.59±0.97	−15.85***	0.61***	t37	3.03±1.31	−11.37***	0.44***
t24	2.94±1.21	−1.78***	0.13	t38	3.92±1.04	−12.31***	0.49***
t25	3.53±1.04	−18.93***	0.69***	t39	3.61±1.03	−16.41***	0.63***
t26	3.67±1.09	−16.43***	0.62***	t40	3.25±1.16	−17.38***	0.65***
t27	3.50±0.93	−17.79***	0.65***	t41	3.18±1.13	−12.92***	0.53***
t28	3.46±0.96	−19.24***	0.71***	t42	4.02±1.17	−9.59***	0.41***

注：*标注为p<0.05，**标注为p<0.01，***标注为p<0.001，下同。

2.探索性因素分析

首先，采用KMO（Kaier–Meyer–Olkin Measure of Sampling Adequacy）和Bartlett球形检验（Bartlett's Test of Sphericity）来评估数据进行探索性因子分析的适切性。KMO值大于0.6，Bartlett检验的结果显著，通常意味着数据适合进行因子分析。本书中的KMO = 0.946，Bartlett球形检验χ^2 =18273.61，df =1653，$p < 0.001$，说明37道题目可能存在共同因子，数据适合进行探索性因子分析。

其次，使用主成分分析法（Principle Component Analysis）和直接斜交旋转法（Direct Oblimin）抽取公共因素，并继续对问卷题项进行筛选。题项删除的标准为：一是题项在其对应因子上的负荷小于0.45；二是题项存在交叉负荷现象，题项同时在两个因子上负荷超过0.30；三是题项的共同度小于0.20；四是因子包含的题项数小于3；五是不易解释或因子归属不合理。[1]依据前述标准对问卷项进行筛选，我们每次只对一个题目进行增加或删除，并随后进行一次探索性因子分析。通过这一反复的过程，最终确定了19个满足要求的题目，有5个因子的特征值大于1，可解释方差总量的73.402%。同时，从因素分析碎石图可以看出，图形在5个因子后各点趋于缓和（见图4–3）。

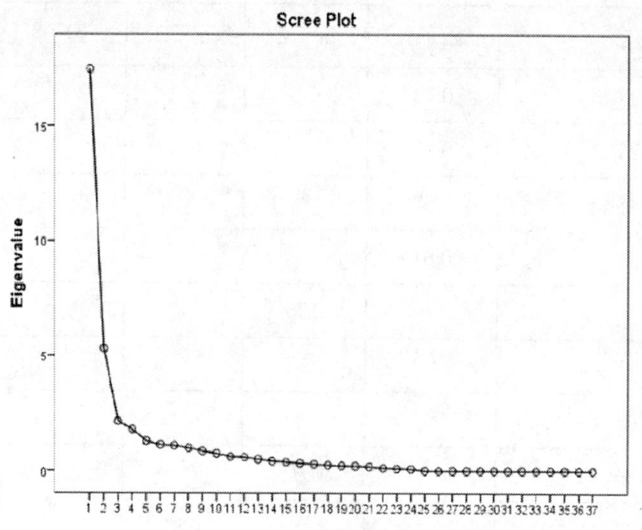

图4–3　探索性分析碎石图形

19个题项在5个因子上的负荷矩阵如表4–3所示。依据题项的归属情况，五个因子分别命名为：因子1包含t23、t29、t36、t31，主要描述学校为特殊教育教师专业发展提供的教学、办公设备及工资待遇等，命名为“物质支持”；因子2包含t20、t13、t7、t26，主要描述学校为激励特殊教育教师专业发展制定的各类管理制度，命名为“制度支持”；因子3包含t21、t2、t10、t24，主要反映来自领导、同事和学生的情感关怀和帮助，命名为“情感支

[1] 吴明隆.问卷统计分析实务：SPSS操作与应用[M].重庆：重庆大学出版社，2010：182.

持”；因子4包含t11、t17、t23、t4，主要描述学校为特殊教育教师专业发展创设的支持性氛围，教师能够进行专业分享和交流活动，命名为“文化支持”；因子5包含t19、t25、t14，主要描述学校通过网络资源、培训服务等方式支持特殊教育教师专业发展，命名为“专业支持”。在五个测量维度中，所有题目的计分方式均为正向计分，题目的得分越高，表明特殊教育教师在专业发展方面得到的学校支持水平就越高（见表4–3）。

表4–3 筛选后题项的因子负荷及共同度

题项	因子1	因子2	因子3	因子4	因子5
t23	0.73				
t29	0.68				
t36	0.67				
t31	0.61				
t20		0.79			
t13		0.71			
t7		0.67			
t26		0.62			
t21			0.81		
t2			0.77		
t10			0.75		
t24			0.73		
t11				0.74	
t17				0.73	
t23				0.69	
t4				0.64	
t19					0.83
t25					0.76

续表

题项	因子1	因子2	因子3	因子4	因子5
t14					0.72
方差解释率（%）	29.43	13.73	12.91	11.56	5.77
累积方差解释率（%）	29.43	43.16	56.07	67.63	73.40

（三）正式调研及问卷检验

1.数据收集

首先，在重庆、四川、湖南等地区的27所特殊教育学校分别抽取832名特殊教育教师作为本次施测的被试。其次，采用经过探索性因子分析修订后的特殊教育教师学校支持问卷收集数据，问卷通过问卷星官方网络平台发放，请特殊教育学校校长或教师将电子问卷链接及填写要求发至同事群，强调数据用于科学研究，承诺数据的保密性，请特殊教育教师根据真实情况填写。为了提升数据的质量，在正式调研阶段对预调研问卷进行了调整和完善，并在问卷星平台上发布了更新后的电子版问卷。为确保数据的独立性，通过平台限制同一IP地址的被试重复作答，避免参与预调研被试的再次参与。在数据收集完毕后，对问卷进行了筛选，排除了存在回答异常、规律作答或有未答题项的问卷。经过筛选，最终成功回收了759份有效问卷，有效率达到91.2%。被试的年龄跨度从23岁到59岁，其中男性198人（26.09%），女生561人（73.91%）。为了检验问卷的重测信度，第一次施测3周后，对自愿再次参加问卷测验的115名特殊教育教师进行第二次施测，由于部分教师的数据存在缺失或其回答显示出不认真的态度（视为无效问卷），最终有87份数据被用于进行重测信度的分析。

2.正式问卷的信效度检验

本书采用SPSS 23.0软件计算内部一致性信度（Cronbach's α系数）、重测信度（test-retest reliability）等指标，探讨特殊教育教师学校支持问卷的信度。据表4-4可知，特殊教育教师学校支持问卷的总体Cronbach's α系数为

0.92，重测信度为0.89；五个维度的Cronbach's α系数为0.79~ 0.89，重测信度为0.75~0.86。农纳利（Nunnally）等学者认为Cronbach's α系数大于0.7表示问卷的题项具有较高的可信度。[1] 可见，以上指标均表明特殊教育教师学校支持问卷具有良好的信度（见表4-4）。

表4-4 问卷信度分析结果

问卷	总体	物质支持	制度支持	情感支持	文化支持	专业支持
Cronbach's α	0.92	0.87	0.86	0.79	0.81	0.89
test-retest reliability	0.89	0.86	0.81	0.75	0.78	0.85

根据探索性分析结果，特殊教育教师学校支持结构为一阶五因素模型（M0），五个因素的题项数量分别为4、4、4、4、3，在进行模型分析时，采用AMOS 24.0软件来构建包含5个潜在变量、19个观测变量和19个残差变量的模型，然后选择最大似然估计法来进行模型的运算处理，结构方程模型如图4-4所示。通过计算各因子上的标准化载荷系数，各条目在其公因子下的标准化载荷系数值均大于0.5，说明因子与测量题项之间有良好的对应关系，问卷的聚合效度较好。

为了进一步验证特殊教育教师学校支持结构模型的合理性，研究者还提出了几个竞争模型进行比较：①单因素模型（M1），19个项目都归属一个共同因子；②一阶三因素模型（M2），根据现有研究成果，把物质支持与专业支持归属一个因子“物质支持”，文化支持和情感支持归属为一个因子“精神支持”，制度支持为一个因子；③一阶四因素模型（M3），制度支持为一个因子，物质支持为一个因子，专业支持为一个因子，文化支持和情感支持归属为一个因子“精神支持”；④二阶三因素模型（M4），物质支持与专业支持命名为更高阶的因素“物质支持”，文化支持和情感支持命名为更高阶

[1] 袁登华，谢一帆.在线品牌社群中负性消费者品牌互动量表开发与检验[J].管理评论，2022，34（11）：118-132.

的因素“精神支持”，假设特殊教育教师学校支持的结构为精神支持—物质支持—制度支持二阶三因素模型；⑤二阶四因素模型（M5），文化支持和情感支持命名为更高阶的因素“精神支持”，假设特殊教育教师学校支持的结构为精神支持—物质支持—制度支持—专业支持二阶四因素模型。

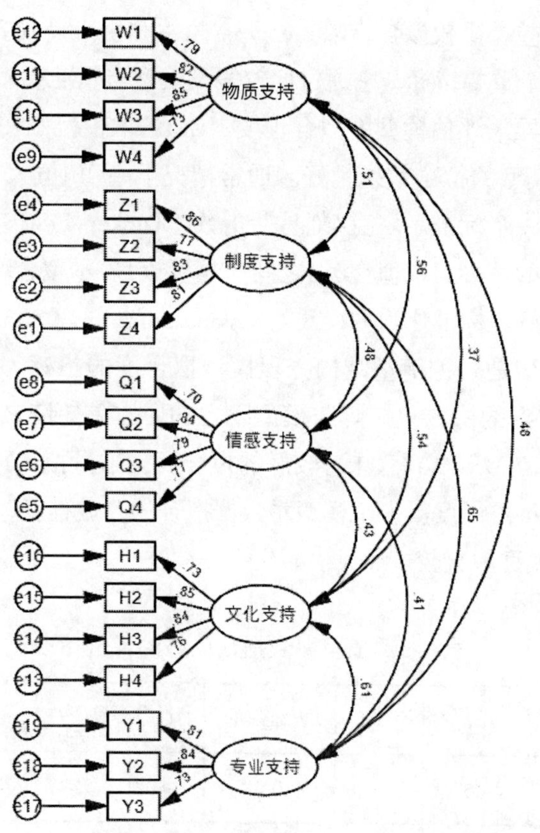

图4-4 特殊教育教师学校支持问卷的五因素模型

验证性分析的过程中，本书使用的主要参考指标包括：χ^2/df、*GFI*、*RMSEA*、*CFI*、*TLI*、*SRMR*、*IFI*。卡方与自由度比值（χ^2/df），χ^2/df的理论期望值是1，χ^2/df越接近1，说明假设模型与样本数据之间的拟合程度越好，一般卡方与自由度比值在5以下较为理想。拟合优度指数（goodness of fit index，*GFI*），主要是运用判定系数和回归标准差，检验模型对样本观测值的拟合程度，取值在0~1之间，越接近1表示拟合越好，*GFI*≥0.9，表示模型拟合较好。[1] 近似误差均方根（root-mean-square error of approximation，*RMSEA*），*RMSEA*值较为稳定，不易受样本数量影响，是评价模型拟合度的重要指标，*RMSEA*值越接近0表示拟合度越好，取值在0.08以下表示数据与模型拟合良好；0.08<*RMSEA*≤0.10，表示模型拟合一般；*RMSEA* >0.10，表示模型拟合较差。比较拟合指数（comparative fit index，*CFI*），是衡量模型拟合优度的一个重要指标，它通过比较假设模型与基准模型（通常是独立模型）之间的差异来评估模型的拟合程度。CFI的取值范围在0到1之间，值越接近1，表示模型的拟合效果越好。通常情况下，CFI值大于0.9被认为是模型拟合良好的一个标准。塔克–刘易斯指数（Tucker–Lewis index，*TLI*），是比较拟合指数的一种，取值在0~1之间，越接近1表示拟合越好，*TLI*≥0.9表示模型拟合较好。标准化均方根残差（standardized root mean square residual，*SRMR*），*SRMR*是一种衡量结构方程模型拟合度的指标，它通过标准化的方式，将观测到的协方差矩阵与模型隐含的协方差矩阵之间的差异进行量化，通常认为*SRMR*<0.08意味着较好的拟合度。增量拟合指数（Incremental Fit Index，*IFI*）可以度量一个模型对数据拟合的改进程度，取值在0~1之间，*IFI*≥0.9表示模型拟合较好（见表4–5）。

表4–5 模型拟合指数良好的评价标准

模型拟合指数	χ^2/df	*GFI*	*RMSEA*	*CFI*	*TLI*	*SRMR*	*IFI*
评价标准	<5	≥0.9	<0.08	≥0.9	≥0.9	<0.08	≥0.9

假设模型验证分析结果与单因素模型、一阶四因素模型、二阶三因素模型、二阶四因素模型相比，一阶三因素模型和一阶五因素模型的各项指标上均表现优异，均能满足构建良好模型的标准。但本书基于以下理由，认为一阶五因素模型更符合本书的理论建构和统计分析结果。本书将学校支持视为学校给予教师各种形式鼓励、支援和帮助的行为过程，五个维度在理论

[1] 冯迪.变革型领导对团队创新绩效影响的实证检验[J].统计与决策，2018，34（17）：170–173.

建构上关联密切，教师专业发展离不开学校提供的专业支持、物质支持、制度支持、情感支持和文化支持，且专业支持和文化支持凸显了学校支持的特点，丰富了组织支持的内涵，五个因素缺一不可。综上所述，本书结果支持一阶五因素模型，通过验证性因素分析确定了特殊教育教师学校支持是一个包含五个因素、19个项目的问卷（问卷的题项见附录三）（见表4-6）。

表4-6 各模型验证性因素分析拟合指数

模型	χ^2/df	*GFI*	*RMSEA*	*CFI*	*TLI*	*SRMR*	*IFI*
单因素模型	20.91	0.67	0.14	0.69	0.71	0.09	0.75
一阶三因素模型	3.84	0.91	0.05	0.94	0.92	0.04	0.94
一阶四因素模型	4.73	0.88	0.06	0.92	0.91	0.05	0.92
二阶三因素模型	3.90	0.89	0.06	0.93	0.92	0.05	0.93
二阶四因素模型	5.06	0.85	0.08	0.89	0.91	0.06	0.91
一阶五因素模型	3.78	0.91	0.05	0.94	0.93	0.04	0.95

（四）自变量测量工具的形成

本书在文献研究和对特殊教育教师深度访谈的基础上，编制了特殊教育教师学校支持初始问卷，问卷共计42个题目。通过对题目内容进行初步评估和预测试，进一步采用项目分析对每个题目的鉴别力进行评估，发现其中5个题目的区分能力较差并予以剔除，剩余的题目显示出良好的鉴别力，能够有效区分不同的学校支持水平。然后，使用主成分分析法和直接Oblimin斜交旋转法抽取公共因素，继续对问卷题项进行筛选。依据探索性分析所确定的因子数量，结合理论建构，我们进行了进一步的题目筛选。经过多次探索，本书最终确定了由五个因子构成的结构，五个因子分别为：物质支持、制度支持、文化支持、情感支持和专业支持。

特殊教育教师与学校支持问卷的总体Cronbach's α系数为0.92，整体重测信度为0.89；五个维度的Cronbach's α系数为0.79~ 0.89，重测信度为0.75~0.86。以上结果表明特殊教育教师学校支持问卷具有良好的信度。验证性因素分析结果表明，学校支持的一阶五因素模型能够较好地拟合实际数据（χ^2/df = 3.78，*RMSEA* = 0.05，*CFI*=0.93，*TLI*=0.92，*IFI*=0.93，*SRMR*=0.04），且各题项在对应维度上的载荷值均大于0.50。同时，多个模型竞争分析结果也表明，在众多模型中，一阶五因素模型在拟合指标上有着最优的表现。总之，本书自编的《特殊教育教师学校支持问卷》包括19个题目，5个维度，问卷的信度和效度良好，可用于自变量学校支持的测量和相关研究。

二、中介变量的测量

本书的中介变量主要包括心理资本和工作投入。心理资本的测量使用Luthans等编制的心理资本问卷（Psychological Capital Questionnaire，PCQ–24），包含自我效能感、希望、乐观、韧性四个维度，每个维度六个项目，使用Likert六点计分；“1”代表“非常不同意”“6”代表“非常同意”，得分越高表示心理资本越多。工作投入的测量采用简版工作投入量表（UWES–9），包含专注、活力、奉献三个维度，共计9 题。量表采用七点计分方式，“0”表示“从来没有”，“6”表示“总是”，从“从来没有”至“总是”依次计为0 ~ 6分，得分越高，表示工作投入水平越高。上述问卷在国内研究中已得到广泛地应用。

三、结果变量的测量

研究的结果变量为特殊教育教师专业发展，采用徐帅（2014）编制的特殊教育教师专业发展问卷进行测量，问卷共18个题目，包括专业能力、专业知识、专业理念和师德三个维度。采用五点计分法，“1”代表“完全不符合”“5”代表“完全符合”，从“完全不符合”至“完全符合”依次计为1～5分，得分越高，表示特殊教育教师专业发展水平越高。[1-2]

四、控制变量

现有研究表明，特殊教育教师的性别、教龄、学历、转岗、专业背景等个体因素会影响其专业发展，不同性别、是否转岗、有无转岗意向、不同学校类型、不同工作年限的特殊教育教师在专业发展水平上均存在显著差异。[3-4]因此，本书拟将特殊教育教师的性别、教龄、学历、专业背景和是否转岗作为主要的控制变量。其中，性别分为“男性”“女性”两组；教龄分为“1～5年”“6～10年”“11～20年”“20年以上”四组；学历分为“硕士研究生及以上”“本科”“大专”“中专（高中）及以下”四组；是否转岗分为“转岗”“非转岗”两组；专业背景分为“特殊教育相关专业”“其他专业”两组。

[1] 徐帅，赵斌.特殊教育教师专业发展与其培训需求的关系研究[J].教育导刊，2015（10）：79-82.

[2] 向松柏，陈新忠.特殊教育教师胜任力对专业发展的影响：一个有调节的中介模型[J].教师教育研究，2023，35（4）：58-65.

[3] 皮悦明.西部边疆特殊教育教师身份认同与专业发展研究[D].西安：陕西师范大学，2020：114-118.

[4] 吴利梅.特殊教育教师专业发展及与职业认同、大五人格的关系[D].长沙：湖南师范大学，2022：21-27.

第三节　数据收集与统计

一、研究样本的选取

本书依托相关科研项目，借鉴杨广学和杨福义对全国特殊教育教师专业发展状况调查的抽样方案，采用多阶分层不等概率抽样方法。[1]首先，在经济和教育发展指标进行聚类分析的基础上，将全国31个省（自治区、直辖市）（不包括港澳台）分为10层，分别为：北京、天津，上海，浙江、江苏、福建，辽宁、吉林、黑龙江、内蒙古，重庆、湖南、湖北、陕西，山西、山东、河北、江西，广东、四川、河南、安徽，宁夏、海南、广西、青海，甘肃、云南、贵州，新疆、西藏，每一层抽取一个省（自治区、直辖市），共10个样本地区，分别是北京、上海、浙江、吉林、重庆、江西、四川、青海、云南和西藏。然后，从样本地区随机选取132所特殊教育学校，抽取2639名特殊教育教师为研究对象发放纸质问卷和网络问卷。

二、问卷的发放

在相关项目的支持下，研究者于2022年7月至2023年2月以线上和线下相结合的方式向样本地区的特殊教育教师发放问卷2639份。其中，网络问卷通过问卷星官方网络平台发放，请特殊教育学校的校长或教师将电子问卷的链接或二维码及填写要求发至同事群，告知调研收集的问卷数据用于科学研

[1] 杨广学，杨福义.中国特殊教育教师专业发展状况调查与政策分析报告[M].上海：华东师范大学出版社，2014：1–2.

究，数据将严格保密，请特殊教育教师根据真实情况填写。为了提高数据质量，在问卷星平台中设置同一IP地址只能作答一次的限制，将参与过问卷编制调查的特殊教育教师排除在本次调研外；同时通过在电子问卷完整作答者中随机抽取1/4的人奖励1~20元红包的方式，提高特殊教育教师参与调查的积极性和完成问卷的责任心。纸质问卷由特殊教育教师一对一填写，研究对象在填写过程中可以自由地表达他们对特殊教育教师专业发展的意见和观点，补充特殊教育学校给予教师支持的具体情况以及教师的工作状态，以便让笔者对研究问题进行更深入的理解。纸质问卷共发放445份，回收有效问卷403份。网络问卷发放2194份，剔除作答时间少于3分钟、有5个以上题项空缺和规律性作答的问卷，剩下有效问卷1978份。经统计，本书最终获得有效问卷2381份，问卷有效率90.22%。

三、数据的分析方法

本书使用SPSS 23.0、Mplus 8.3和AMOS 24.0统计分析软件，对调研收集的样本数据进行统计分析：一是运用克隆巴赫系数（Cronbach's α）测查问卷的内部一致性信度。二是使用因素分析法（Factor Analysis Approach）检验问卷的构念效度，即使用验证性因素分析对已有的理论模型与数据拟合程度进行验证。三是使用独立样本 T 检验和单因素方差分析法（One-way ANOVA）检验不同特征的特殊教育教师在学校支持上的差异程度。四是使用皮尔逊相关性分析（Pearson Correlation Analysis）考察各研究变量之间的相关性。五是使用结构方程模型（Structural Equation Model，SEM）检验研究建构的理论模型与提出的研究假设。

第四节 测量工具的信度和效度分析

一、信度分析

在对调查数据进行分析之前，需要对测量工具的信度进行检验，以确保测量工具具有良好的可靠性和稳定性。克隆巴赫系数（Cronbach's α）是衡量问卷内部一致性信度的指标，是社会科学研究最常使用的信度分析方法。[1] 本书通过计算Cronbach's α系数，对特殊教育教师学校支持问卷、心理资本问卷、工作投入问卷和特殊教育教师专业发展问卷的信度进行验证。采用SPSS 23.0计算问卷的内部一致性信度，结果显示心理资本问卷的总体Cronbach's α系数为0.92，四个维度乐观、希望、韧性、自我效能感的Cronbach's α系数为0.83~0.88；工作投入量表的整体Cronbach's α系数为0.86，三个维度活力、专注、奉献的Cronbach's α系数为0.79~0.83；特殊教育教师学校支持问卷的总体Cronbach's α系数为0.91，五个维度情感支持、物质支持、制度支持、专业支持、文化支持的Cronbach's α系数为0.78~ 0.87；特殊教育教师专业发展问卷的整体Cronbach's α系数为0.89，三个维度专业理念和师德、专业知识、专业技能的Cronbach's α系数分别为0.81~0.86。当总问卷的Cronbach's α系数大于0.80，各分问卷与维度的Cronbach's α系数大于0.70时，表示其内部一致性良好。[2] Cronbach's α系数值大于0.5是可以接受的最低问卷信度标准。本书中四个问卷及其维度的Cronbach's α系数均大于0.70，表明各问卷的信度良好（见表4–7）。

---

[1] 曹守慧，丁士军，孙飞.新型城镇化综合试点政策对城镇发展质量的影响研究[J].华中农业大学学报（社会科学版），2021（5）：75–84.

[2] 缴润凯，刘立立.高层次园长培训如何实现精准发力——优秀园长素质特征模型研发与测评[J].教育研究，2022，43（4）：81–91.

表4-7 各问卷信度分析结果

问卷及其维度	α系数	问卷及其维度	α系数
心理资本	0.92	学校支持	0.91
自我效能感	0.87	物质支持	0.84
乐观	0.83	制度支持	0.81
希望	0.88	情感支持	0.78
韧性	0.85	文化支持	0.82
工作投入	0.86	专业支持	0.87
专注	0.81	专业发展	0.89
活力	0.79	专业知识	0.85
奉献	0.83	专业技能	0.86
		专业理念和师德	0.81

二、效度分析

效度是对问卷的有效性和准确性的度量，[1] 反映测量工具准确测出所测事物的真实程度，一般利用内容效度和结构效度进行检验。[2] 本书中使用的心理资本问卷、工作投入问卷和特殊教育教师专业发展问卷已经被广泛应用和检验，特殊教育教师学校支持问卷在编制过程中已经通过检验，因此问卷的内容效度可以得到保证，只需对四个问卷的结构效度进行检验。研究使用AMOS 24.0对特殊教育教师学校支持问卷、心理资本问卷、工作投入问卷和特殊教育教师专业发展问卷的结构效度进行检验。基于验证性因素分析的结

[1] 李人杰，郭建鹏，吕帅.任务技术匹配如何影响大学生在线学习持续使用意愿——基于全国258所高校的实证调查[J].中国高教研究，2022（12）：45-50.

[2] 章琰，李萍，姜全红.资金供给、技术能力与技术转移绩效——国家重点研发计划多群组结构方程模型分析[J].科技进步与对策，2023，40（2）：11-19.

果，可以得到四个测量模型（学校支持五因素模型、心理资本四因素模型、工作投入三因素模型、专业发展三因素模型），并计算出七个验证拟合指数，用于评估模型与数据的拟合程度。卡方与自由度的比值（χ^2/df）均小于5，拟合优度指数（*GFI*）均大于或等于0.9，近似误差均方根（*RMSEA*）均小于0.08，比较拟合指数（*CFI*）均大于0.9，塔克–刘易斯指数（*TLI*）均大于0.9，标准化均方根残差（*SRMR*）均小于0.08，增量拟合指数（*IFI*）均大于0.9。根据上文归纳的模型拟合良好的评价标准，可知四个模型的各项验证拟合指数均达到了良好拟合模型的要求（见表4–8）。

表4–8　各模型验证性因素分析拟合指数

模型	χ^2/df	*GFI*	*RMSEA*	*CFI*	*TLI*	*SRMR*	*IFI*
学校支持五因素模型	4.93	0.90	0.06	0.94	0.92	0.05	0.94
心理资本四因素模型	3.84	0.91	0.05	0.96	0.94	0.04	0.95
工作投入三因素模型	2.64	0.93	0.04	0.98	0.96	0.04	0.97
专业发展三因素模型	4.37	0.90	0.07	0.93	0.92	0.06	0.93

经过对测量工具的信效度检验可知，本书所使用的特殊教育教师学校支持问卷、心理资本问卷、工作投入问卷、特殊教育教师专业发展问卷均具有较好的信效度。

第五节　样本特征的描述性分析

特殊教育教师研究样本中，男性575人（24.15%），女性1806人（75.85%）；转岗861人（36.16%），非转岗1520人（63.84%）；年龄上，25岁及以下454人（19.07%），25～35岁726人（30.49%），35～50岁863

人（36.25%），50岁及以上338人（14.19%）；职称上，三级及以下548人（23.02%），二级965人（40.53%），一级706人（29.65%），高级或正高级162人（6.80%）；

教龄上，1～5年537人（22.55%），6～10年635人（26.67%），10～20年1043人（43.81%）；20年以上166人（6.97%）；地域上，西部828人（34.78%），中部536人（22.51%），东部1017人（42.71%）；学历上，中专及以下 189人（7.93%），大专523人（21.97%），本科1504人（63.17%），硕博研究生165人（6.93%）；编制上，有编制2214人（92.99%），无编制167人（7.01%）；专业背景上，特殊教育相关专业1626人（68.29%），其他专业755人（31.77%）。有效样本基本信息见表4–9。

表4–9　样本的基本信息统计

变量		人数（人）	百分比（%）
性别	男	575	24.15
	女	1806	75.85
是否转岗	是	861	36.16
	否	1520	63.84
年龄	25岁及以下	454	19.07
	25～35岁	726	30.49
	35～50岁	863	36.25
	50岁以上	338	14.19
职称	三级或未定级	548	23.02
	二级	965	40.53
	一级	706	29.65
	高级或正高级	162	6.80
教龄	1～5年	537	22.55
	6～10年	635	26.67
	11～20年	1043	43.81
	20年以上	166	6.97

续表

变量		人数（人）	百分比（%）
地域	西部	828	34.78
	中部	536	22.51
	东部	1017	42.71
学历	中专及以下	189	7.93
	大专	523	21.97
	本科	1504	63.17
	硕博研究生	165	6.93
专业背景	特殊教育	1626	68.29
	其他	755	31.71
编制	有	2214	92.99
	无	167	7.01

第六节　假设检验与模型分析

一、共同方差偏差的控制与检验

共同方法偏差（Common Method Biases，CMB）是指因为相同的数据来源、同样的测量对象、相同的测量环境或其他具有共同特征的方法而造成预测变量与效标变量的数据之间产生虚假的共变，形成系统误差，对研究结论造成潜在的误导。共同方法偏差的控制方法主要有程序控制和统计控制，程序控制是研究人员在研究设计与测量过程中采取措施控制共同方法偏差；统计控制是因条件限制，无法完全消除共同方法偏差，考虑在数据分析时采用统计的方法来对共同方法偏差进行检验和控制。[1]

为了避免共同方法偏差的干扰，本书在问卷调查过程中采用了匿名填写的方式，向研究对象承诺问卷数据仅用于学术研究，而不会对他们的任何利益造成损害，并通过设置同一IP地址只能作答一次的限制、剔除连续多项题目相同答案等方式筛选出没有认真作答的被调查者。在经过各种程序控制后，接着采用Harman单因素检验法对现有数据中的共同方法偏差的严重程度进行检验和分析，将心理资本、工作投入、特殊教育教师专业发展、学校支持等变量均纳入探索性因子分析中，对未旋转的因素分析结果进行检验。结果显示，特征值大于1 的因子有13个，第一个因子解释了总方差30.16%的变异量，小于40%的临界标准，说明研究不存在严重的共同方法偏差。

二、研究变量的相关分析

相关性分析是一种用于判断变量之间关联程度和紧密度的方法，Pearson系数是衡量相关性的经典相关系数。[2] Pearson相关系数的取值不仅能够表示变量之间的影响方向（正负），还能反映变量之间的相关程度（绝对大小）。当系数的绝对值越大时，说明变量之间的相关性也越强。通过对样本数据中各个变量之间进行相关性分析，可以初步了解变量之间的关系及关系强弱程度等。

本书中的主要变量为数值型连续变量，符合Pearson相关系数的使用条件，并使用双尾检验相关系数的显著性。研究首先对特殊教育教师专业发展、心理资本、工作投入、学校支持进行描述，计算平均值、标准差，进而计算各变量之间的相关系数，初步探析研究变量间的潜在关系。各变量

[1] 周浩，龙立荣.共同方法偏差的统计检验与控制方法[J].心理科学进展，2004，12（6）：942–950.

[2] 赵佳斌，赵海燕，曹健，陈庆奎.开源社区中开发者的跨项目行为[J].小型微型计算机系统，2020，41（9）：1918–1924.

的均值与标准差及相关系数如表4–10所示。特殊教育教师专业发展与心理资本、工作投入、学校支持之间呈显著正相关（$r = 0.67$，$r = 0.62$，$r = 0.63$，$p<0.001$），学校支持与心理资本、工作投入之间呈显著正相关（r =0.48，r =0.55，$p<0.001$），心理资本与工作投入之间呈显著正相关（r =0.58，$p<0.001$）（见表4–10）。

表4–10 各变量的描述性统计和相关分析结果（n=2381）

变量	M	SD	学校支持	心理资本	工作投入	专业发展
学校支持	3.15	0.58	1			
心理资本	3.47	0.42	0.48***	1		
工作投入	3.70	0.69	0.55***	0.58***	1	
专业发展	3.43	0.41	0.63***	0.67***	0.62***	1

注：***代表p<0.01。

三、学校支持对特殊教育教师专业发展的直接效应检验

分层回归是建立在回归分析基础上，对两个或多个回归模型进行比较。本书采用分层回归分析考察学校支持及其维度（制度支持、情感支持、专业支持、物质支持、文化支持）对特殊教育教师专业发展的影响。首先对相关变量进行了标准化处理，以避免共线性问题造成模型估计失真，将学校支持及其维度等解释变量按照逻辑顺序逐步加入回归模型中，观察不同层次的解释变量对特殊教育教师专业发展的影响和解释程度，进而判断解释变量之间的作用和效力。然后对纳入模型的变量进行方差膨胀因子（VIF）诊断，结果显示，各回归模型的VIF值均小于严格临界值5，[1]这表明不存在多重共线

[1] 罗进辉，巫奕龙.数字化运营水平与真实盈余管理[J].管理科学，2021，34（4）：3–18.

性问题。

本书采用包含二次项的回归分析来揭示变量间U形、倒U形等非线性关系模式，二次项显著且为正时，表示变量间呈现U形关系；二次项显著且为负时，表示呈现倒U形关系。[1]分层回归分析模型的第一层纳入年龄、教龄、职称、专业背景作为控制变量，第二层分别纳入学校支持及其维度一次项为预测变量，第三层分别纳入学校支持及其维度一次项、学校支持及其维度二次项。如表4-11所示，模型1（M1）首先检验了个体特征变量对特殊教育教师专业发展的影响。模型2（M2）在模型1的基础上加入了学校支持一次项，回归结果显示，学校支持一次项对特殊教育教师专业发展具有显著的正向影响（β = 0.65，p<0.001）。在模型2的基础上，模型3（M3）进一步加入了学校支持二次项，实证结果显示，学校支持一次项和二次项均对特殊教育教师专业发展具有显著影响，回归系数分别为0.64（p<0.001）和 -0.27（p<0.001），ΔR^2为0.01且在0.001水平下显著。该结果支持了本书的假设H1，即学校支持与特殊教育教师专业发展二者之间存在显著的倒U形曲线关系。根据拐点计算公式，[2]可以计算出学校支持先积极后消极影响特殊教育教师专业发展的拐点出现在4.69，即学校支持水平低于4.69时，学校支持正向影响特殊教育教师专业发展；但学校支持水平高于4.69时，学校支持就可能对特殊教育教师专业发展产生负面影响。

模型4（M4）在模型1的基础上加入制度支持一次项，回归结果显示，制度支持一次项对特殊教育教师专业发展具有正向影响，达到显著性水平（β = 0.69，p<0.001）。在模型4的基础上，模型5（M5）进一步加入了制度支持二次项，实证结果显示，制度支持一次项和二次项均对特殊教育教师专业发展具有显著影响，回归系数分别为0.68（p<0.001）和-0.43（p<0.001），ΔR^2为0.01且在0.001水平下显著。该结果支持了本书的假设H1a，即制度支持与特殊教育教师专业发展二者之间存在显著的倒U形曲线关系。

---

[1] 王甜，陈春花，宋一晓.挑战性压力源对员工创新行为的“双刃”效应研究[J].南开管理评论，2019，22（5）：90-100.

[2] 郭丛斌，王天骄.家庭劳动参与与高中生身心健康的倒“U”形关系——基于全国疫情期间高中在线学习状况调查数据的实证研究[J].清华大学教育研究，2022，43（3）：61-72.

表4–11　学校支持对特殊教育教师专业发展的回归分析结果

变量	特殊教育教师专业发展												
	M1	M2	M3	M4	M5	M6	M7	M8	M9	M10	M11	M12	M13
年龄	0.03	0.08**	0.06**	–0.01	–0.01	0.06*	0.06*	0.07*	0.07*	0.07*	0.07*	0.10***	0.09**
教龄	0.19***	0.08**	0.08**	0.11***	0.10***	0.10***	0.10***	0.16***	0.17***	0.13***	0.11***	0.08**	0.08**
职称	0.02	–0.02	–0.01	–0.03	–0.03	–0.01	–0.01	–0.01	–0.02	–0.01	–0.01	–0.02	–0.02
专业背景	–0.16***	–0.26***	–0.26***	–0.22***	–0.21***	–0.21***	–0.20	–0.19***	–0.20***	–0.25***	–0.25***	–0.28***	–0.26***
学校支持		0.65***	0.64***										
学校支持^2			–0.27***										
制度支持				0.69***	0.68***								
制度支持^2					–0.43***								
情感支持						0.61***	0.61***						
情感支持^2							–0.02						
物质支持								0.41***	0.34***				
物质支持^2									–0.12***				
专业支持										0.40***	0.39***		
专业支持^2											–0.19***		
文化支持												0.64***	0.63***
文化支持^2													–0.14***
R^2	0.04	0.43	0.44	0.48	0.49	0.41	0.41	0.21	0.22	0.19	0.20	0.42	0.46
ΔR^2	0.04	0.39	0.01	0.44	0.01	0.36	0.00	0.16	0.01	0.14	0.02	0.38	0.04
F	28.76***	368.13***	311.51***	448.15***	374.05***	326.22***	271.99***	126.63***	111.99***	110.09***	98.45***	350.86***	342.85***

注：*代表p<0.05；**代表p<0.01；***代表p<0.001。

模型6（M6）在模型1的基础上加入了情感支持一次项，回归结果显示，情感支持一次项对特殊教育教师专业发展具有正向影响，达到显著性水平（$\beta = 0.61$，$p<0.001$）。在模型6的基础上，模型7（M7）进一步加入了情感支持二次项，实证结果显示，情感支持一次项对特殊教育教师专业发展具有显著影响，回归系数分别为0.61（$p<0.001$），情感支持正向影响特殊教育教师专业发展；情感支持二次项对特殊教育教师专业发展的影响不显著（$\beta = 0.02$，$p > 0.05$）。该结果不支持本书的假设H1b，即情感支持与特殊教育教师专业发展二者之间不存在显著的倒U形曲线关系。

模型8（M8）在模型1的基础上加入物质支持一次项，回归结果显示，物质支持一次项对特殊教育教师专业发展具有正向影响，达到显著性水平（$\beta = 0.41$，$p<0.001$）。在模型8的基础上，模型9（M9）进一步加入了物质支持二次项，实证结果显示，物质支持一次项和二次项均对特殊教育教师专业发展具有显著影响，回归系数分别为0.34（$p<0.001$）和-0.12（$p<0.001$），ΔR^2为0.01且在0.001水平下显著。该结果支持了本书的假设H1c，即物质支持与特殊教育教师专业发展两者之间存在显著的倒U形曲线关系。

模型10（M10）在模型1的基础上加入了专业支持一次项，回归结果显示，专业支持一次项对特殊教育教师专业发展具有正向影响，达到显著性水平（$\beta = 0.40$，$p<0.001$）。基于模型10，模型11（M11）进一步加入了专业支持二次项，实证结果显示，专业支持一次项和二次项均对特殊教育教师专业发展具有显著影响，回归系数分别为0.39（$p<0.001$）和-0.19（$p<0.001$），ΔR^2为0.02且在0.001水平下显著。该结果支持了本书的假设H1d，即专业支持与特殊教育教师专业发展两者之间存在显著的倒U形曲线关系。

模型12（M12）在模型1的基础上加入文化支持一次项，回归结果显示，文化支持一次项对特殊教育教师专业发展具有正向影响，达到显著性水平（$\beta = 0.64$，$p<0.001$）。基于模型12，模型13（M13）进一步加入了文化支持二次项，实证结果显示，文化支持一次项和二次项均对特殊教育教师专业发展具有显著影响，回归系数分别为0.63（$p<0.001$）和-0.14（$p<0.001$），ΔR^2为0.04且在0.001水平下显著。该结果支持了本书的假设H1e，即文化支持与特殊教育教师专业发展两者之间存在显著的倒U形曲线关系。

四、学校支持对特殊教育教师专业发展的中介效应检验

通过上述直接效应检验发现，学校支持及其维度（制度支持、物质支持、专业支持和文化支持）与特殊教育教师专业发展存在显著的倒U形曲线关系，情感支持正向预测特殊教育教师专业发展。为进一步探讨心理资本和工作投入在学校支持与特殊教育教师专业发展之间的中介作用，我们采用Mplus 8.3、SPSS 23.0的Medcurve宏程序进行中介作用检验及偏差校正的非参数百分位Bootstrap法分析（抽样5000次，95%置信区间）。

结果显示，模型中所有路径系数均显著，每个模型方差解释率均达到显著性水平（F =172.05~462.82，p<0.001），建立的模型拟合值均达标。在心理资本为中介变量的中介路径中，模型1（M1）首先检验了学校支持对心理资本的影响，从回归结果可知，学校支持能够显著正向预测特殊教育教师心理资本（β =0.45，p<0.001），该结果支持了本书的假设H5。模型2（M2）的回归结果显示，心理资本能够显著正向预测工作投入（β =0.65，p<0.001），该结果支持了本书的假设H8。模型6（M6）检验了心理资本对特殊教育教师专业发展的影响，回归结果显示，心理资本能够显著正向预测特殊教育教师专业发展（β =0.70，p<0.001），该结果支持了本书的假设H6。

在工作投入为中介变量的中介路径中，回归结果（M2）显示，学校支持一次项对工作投入具有正向影响，达到显著性水平（β = 0.52，p<0.001）。基于模型2，模型3（M3）进一步加入了学校支持二次项，实证结果显示，学校支持一次项和二次项均对工作投入具有显著的影响，回归系数分别为0.51（p<0.001）和−0.14（p<0.001），ΔR^2为0.02且在0.001水平下显著。该结果支持了本书的假设H2，即学校支持与工作投入两者之间存在显著的倒U形曲线关系。模型4（M4）的回归结果显示，工作投入一次项对特殊教育教师专业发展具有正向影响，达到显著性水平（β = 0.63，p<0.001）。基于模型4，模型5（M5）进一步加入了工作投入二次项，实证结果显示，工作投入一次项和二次项均对特殊教育教师专业发展具有显著影响，回归系数分别为0.75（p<0.001）和−0.22（p<0.001），ΔR^2为0.03且在0.001水平下显著。该结果支

持了本书的假设H3，即工作投入与特殊教育教师专业发展两者之间存在显著的倒U形曲线关系（见表4–2）。

表4–12 回归分析结果

变量	心理资本		工作投入		特殊教育教师专业发展	
	M1	M2	M3	M4	M5	M6
年龄	0.05	–0.03	–0.04	0.01	0.05	0.01
教龄	0.02	0.09***	0.08**	0.08**	0.03	0.02
职称	–0.03	0.02	0.04	0.01	0.03	0.04
专业背景	0.01	0.01	0.00	–0.21***	–0.20***	–0.22***
学校支持	0.45***	0.52***	0.51***			
学校支持			–0.14***			
工作投入				0.63***	0.75***	
工作投入					–0.22***	
心理资本		0.65***				0.70***
R^2	0.27	0.32	0.34	0.42	0.45	0.49
ΔR^2	0.27	0.25	0.02	0.37	0.03	0.49
F	172.05***	227.48***	205.64***	338.87***	322.83***	462.82***

注：**代表p<0.01；***代表p<0.001。

根据 Hayes和Preacher（2010）提供的曲线中介检验程序，我们对工作投入在学校支持与特殊教育教师专业发展之间的中介作用进行检验。在学校支持高低取值（±1标准差）情况下，测查工作投入对特殊教育教师专业发展产生的瞬时中介效应变化。研究结果显示，在学校支持水平较低时，该中介效应（Theta值）是显著的，其值为0.18，在95%的置信区间内不包含0（LLCI=0.11，ULCI=0.26）；而在学校支持水平较高时，该间接效应同样显著，其值为0.15，在95% 置信区间内不包含0（LLCI =0.08，ULCI = 0.21），随着学校支持水平的提高，工作投入的瞬时中介效应逐渐减弱。上述结果表明，说明学校支持较强或较弱时，工作投入在学校支持与特殊教育教师专业发展的非线性关系中起到显著中介作用，假设H4得到支持（见表4–13）。

表4–13 学校支持与特殊教育教师专业发展之间瞬时中介效应检验结果

	自变量	95%CI L		瞬时中介效应值
		LCI	ULCI	
学校支持	2.57	0.11	0.26	0.18
	3.15	0.09	0.24	0.16
	3.73	0.08	0.21	0.15

为了检验心理资本和工作投入两个变量在学校支持与特殊教育教师专业发展之间的中介作用，我们采用数据分析软件Mplus 8.3对心理资本的中介作用、心理资本和工作投入的链式中介效应进行检验。结果显示，心理资本在学校支持与特殊教育教师专业发展之间的中介效应显著，95%的置信区间为[0.15，0.19]，置信区间不包含0，假设H7得到支持，在学校支持与特殊教育教师的专业发展之间，心理资本起到了中介作用。且检验后发现，心理资本与工作投入在学校支持与特殊教育教师专业发展之间的链式中介效应显著，95%的置信区间为[0.06，0.09]，置信区间不包含0，假设H9得到支持，心理资本和工作投入在学校支持影响特殊教育教师专业发展的路径之间存在显著的链式中介作用。

通过学校支持对特殊教育教师专业发展的直接效应和中介效应检验，结果表明原有绝大部分假设都得到了支持，学校支持及其四个维度物质支持、制度支持、专业支持、文化支持与特殊教育教师专业发展存在显著的倒U形曲线关系，而情感支持与特殊教育教师专业发展之间的倒U形曲线关系不显著；工作投入和心理资本在学校支持影响特殊教育教师专业发展的路径之间分别发挥中介作用，且心理资本和工作投入起到显著的链式中介作用。所有假设的验证情况见表4–14。

表4-14　研究假设验证情况汇总

假设	内容	检验结果
H1	学校支持对特殊教育教师专业发展产生倒U形影响	支持
H1a	制度支持对特殊教育教师专业发展产生倒U形影响	支持
H1b	情感支持对特殊教育教师专业发展产生倒U形影响	不支持
H1c	物质支持对特殊教育教师专业发展产生倒U形影响	支持
H1d	专业支持对特殊教育教师专业发展产生倒U形影响	支持
H1e	文化支持对特殊教育教师专业发展产生倒U形影响	支持
H2	学校支持对特殊教育教师工作投入产生倒U形影响	支持
H3	工作投入对特殊教育教师专业发展产生倒U形影响	支持
H4	工作投入在学校支持与特殊教育教师专业发展的倒U形关系中发挥中介作用	支持
H5	学校支持对特殊教育教师心理资本具有正向影响	支持
H6	心理资本对特殊教育教师专业发展具有正向影响	支持
H7	心理资本在学校支持与特殊教育教师专业发展之间发挥中介作用	支持
H8	特殊教育教师心理资本对工作投入具有正向影响	支持
H9	心理资本和工作投入在学校支持与特殊教育教师专业发展之间发挥链式中介作用	支持

第七节 学校支持对特殊教育教师专业发展的作用机制讨论

一、学校支持对特殊教育教师专业发展的直接作用

以往研究主要关注组织支持在员工工作场所中的积极作用，证实了组织支持对员工工作绩效具有正向影响，[1] 组织战略、组织文化、组织支持等组织特征是影响组织人力资本的形成与发展的主要因素。[2] 但是，在某些情况下，组织支持会对组织和员工产生负面影响。本书通过构建学校支持及其维度对特殊教育教师专业发展具有直接效应的回归模型，验证了学校支持及其维度（制度支持、物质支持、专业支持和文化支持）与特殊教育教师专业发展存在显著的倒U形曲线关系，情感支持能够正向预测特殊教育教师专业发展，两者的倒U形曲线关系未得到验证。学校支持与特殊教育教师专业发展并不是单一的线性关系，学校支持水平存在一个最优点，当特殊教育学校对教师专业发展的支持程度超过阈值，就会适得其反。

首先，本书发现制度支持与特殊教育教师专业发展两者之间存在显著的倒U形曲线关系（$p<0.001$），这与组织管理领域的相关研究结论具有一致性。在企业管理中，制度本身是一把“双刃剑”，[3] 如公司的股权管理制度与绩效之间存在一种倒U形的联系。[4] 制度支持是特殊教育学校所制定关于教师专业发展的各种制度，如专业进修制度、教学研讨制度、工作业绩评价制度等，它们可以为特殊教育教师专业发展提供必要的资源、信息和保障，提供

[1] 邓旭东，蒋黎.个体差异、组织支持感与员工绩效[J].财会通讯，2022（10）：88-91.

[2] 郭文臣，陈安琪.组织人力资本研究元分析[J].科研管理，2022，43（11）：191-199.

[3] 姚凯，丁棠丽.反摸鱼：基于X+Y理论的管理方式[J].企业管理，2022（5）：88-92.

[4] 陈如青.基于投资效率视角的公司治理与企业绩效关系研究[J].企业改革与管理，2021（3）：26-27.

专业晋升的通道和标准，以促进教师专业的成长。但是制度的积极效应有一个临界点，过度的制度支持不再是特殊教育教师专业发展的动力反而成为一种威胁，特殊教育教师的工作被过度地限制或要求，使他们缺乏自主研究和探索空间，无法充分发挥自身的专业技能和创新能力，逐渐感到身心疲惫，削弱了教师专业发展的内在动力。制度支持对特殊教育教师专业发展的“双刃剑”效应，对于特殊教育学校的制度设计提供了有益的启示。

第二，情感支持与特殊教育教师专业发展之间不存在显著的倒U形曲线关系（$p>0.05$），情感支持显著正向影响特殊教育教师专业发展（$p<0.001$）。这与前人的研究结果较为一致，员工受到上司和同事的关心、互动、帮助等情感支持，能够激发他们的工作积极性、主动性和创新行为，[1]对工作绩效产生正向影响。在特殊教育领域，由于特殊教育对象的特殊性和多样性，工作内容的复杂性和专业性，特殊教育教师需要具备高度的耐心、责任心和爱心，耗竭大量情绪情感资源去满足特殊儿童的教育康复需求。特殊教育教师的工作不仅需要专业知识和技能，更需要充足的情感资源和精神力量的支持。因此，本书发现情感支持与特殊教育教师专业发展之间存在显著的线性关系，而非倒“U”形曲线关系。在特殊教育学校组织环境中，教师感受到较高的安全感、价值感和归属感时，教师越会努力工作，对学校产生情感投入，通过不断提高自己的工作绩效，来回馈学校给予的情感支持。[2]根据组织支持理论，特殊教育学校领导、同事以及学生的理解和关心，能够让特殊教育教师感受到关心、尊重和认同，增强他们对学校的认同感和归属感，强化他们努力工作就会有回馈的信念，从而激励特殊教育教师热爱自己的职业，精益求精，不断提高自己的教育教学水平。

第三，物质支持与特殊教育教师专业发展两者之间存在显著的倒U形曲线关系（$p<0.001$）。以往研究主要关注物质支持对教师专业发展的正向影响，将物质需求的满足视为教师专业发展的基础性动力，认为促进教师专

---

[1] 姜雨峰.退缩还是创新：受年龄歧视影响的员工行为解析[J].上海财经大学学报，2017，19（6）：18-30.

[2] 关晓宇，杨子萱，李红玢.乡村教师何以“留得住、教得好、有发展”？人力资源双重关注模型的跨层次效应研究[J].中国人力资源开发，2023，40（1）：73-89.

业发展，就要从物质上关怀教师，改善教师的生活条件，提升其物质获得感。[1]近年来，物质投入与激励效应的倒U形作用开始受到国内一些管理学者的关注，[2]物质激励确实能够提高员工工作的积极性、主动性，从而提高员工或组织的绩效。但是如果特殊教育学校提供的物质支持过多，超出了必要范畴，容易使特殊教育教师把物质视为唯一或主要的动力来源，忽视内在的职业动机和责任感，丧失对特殊教育事业的热情，反而制约了特殊教育教师专业发展。物质支持与特殊教育教师专业发展之间的曲线关系可以用亚当斯（Adams）提出的公平理论来解释，该理论认为社交交换关系中，个体得到的利益应与他的投资成正比，[3]强调投入与回报是否平衡的主观感受。当特殊教育教师获得的物质支持过多（投入与回报失去平衡），会导致不对称、不公平的互惠关系，特殊教育教师无法回报学校过多的物质支持，他们难以将自身的价值或贡献与获得的支持相匹配，这种不平衡关系很容易削弱他们的工作热情，减少对学校的组织承诺感和随后的工作投入度。

第四，研究发现专业支持与特殊教育教师专业发展之间存在显著的倒U形曲线关系（$p<0.001$）。特殊教育学校供给的教育教学设施、软件、课程、进修等专业资源为教师创设了良好的专业学习环境，在互惠原则作用下，特殊教育教师积极利用这些专业资源，通过不断更新自己的专业知识和技能，提高自身的教育质量和教学水平，为特殊需要儿童提供更为优质的教育康复服务，回馈学校给予特殊教育教师的专业支持。但是，自变量到一定临界点后将不再产生积极影响，并开始转化为消极影响。[4]对于特殊教育教师而言，学校给予的专业支持和资源超过一定范围后，他们需要更多的时间、精

[1] 左清云.教育关怀理论视野下农村学校教师专业发展支撑体系研究[J].中国教育学刊，2022（S1）：192–193.

[2] 岳佳坤.从成就共享到同心共享：组织高激励政策实施的临界点把控与运用之道——以S公司价值双享激励计划为例[J].领导科学，2021（18）：67–69.

[3] Adams J S.Inequity in social exchange[J].Advances in Experimental Social Psychology，1965，2（4）：267–299.

[4] 邢璐，孙健敏，尹奎，王震.“过犹不及”效应及其作用机制[J].心理科学进展，2018，26（4）：719–730.

力来适应和应对不断增加的工作要求，过度耗损他们的个人资源，导致心理压力和焦虑，进而对特殊教育教师专业发展产生消极影响。

第五，研究发现文化支持与特殊教育教师专业发展之间存在显著的倒U形曲线关系（$p<0.001$）。已有研究主要关注学校文化在教师专业发展中的作用，将学校文化视为一种象征权力，它会深刻影响教师的惯习，[1]对于“教师专业发展具有深层次支撑作用”。[2]与以往研究不同的是，本书发现学校文化与特殊教育教师专业发展不是简单的线性关系。特殊教育学校为教师专业发展营造良好的精神文化氛围，特殊教育教师处于一个相互支持、鼓励和尊重的工作团队中，所做的工作能被认可和赞赏，这种团队氛围可以激发教师的创新能力和协作精神，不断探索和学习前沿教育技术和方法，提升整体教育教学水平。但过度竞争的文化氛围会对教师专业发展造成不利影响。[3]在激烈的竞争文化中，特殊教育教师需要面对来自学校领导和同事等多方面的压力，容易引发教师之间关系紧张，互相攀比、排斥现象加剧，致使团队精神瓦解，[4]最终对特殊教育教师的工作效率和教育质量产生负面影响。

根据生态系统理论（ecological systems theory），微观系统层面上的学校是影响个体发展的最近和最基本的因素之一。作为教师每天度过大部分工作时间的地方，学校是教师专业发展的重要场域，学校的制度、情感、硬件、专业和文化在教师专业发展过程中发挥着无可替代的作用，学校支持与教师专业发展的关系最为紧密。[5]本书结果表明，学校支持和特殊教育教师专业发展之间的总体关系特征是上升线，直到拐点4.69后，线不再上升，开始缓缓下降。该结果为管理学中已发现的“过犹不及”效应提供了证据。当特殊教育教师感知到学校（组织）提供的支持达到某个高水平后，进一步增加这

---

[1] 伍叶琴，李森，戴宏才.教师发展的客体性异化与主体性回归[J].教育研究，2013，34（1）：119–125.

[2] 朱桂琴，陈娜.“U–G–S”教师教育合作共同体的建构：戴维·伯姆对话理论的视角[J].教育发展研究，2015，35（18）：80–84.

[3] 杨全印.学校文化的表现及其对教师的影响[J].教师教育研究，2011，23（2）：55–58.

[4] 薛海平，王蓉.义务教育教师绩效奖金、教师激励与学生成绩[J].教育研究，2016，37（5）：21–33.

[5] 陈婷，胡雪涵，高鑫.西部中小学 STEAM 教育的困境与对策——基于西部 12 省（市、自治区）中小学教师STEAM 认识的调查分析[J].教师教育研究，2021（2）：59–64.

种支持并不会带来更多的积极效应，额外的支持并不能改善特殊教育教师的工作体验或对学校的归属感。特殊教育教师感受到过多的学校支持，可能对他们的自主权和自由度产生限制和影响，并让他们产生无法回报高水平组织支持的无力感，这无疑降低了他们的工作满意度和积极性，进而对其专业发展产生了负面影响。

二、心理资本和工作投入的中介及链式中介作用

研究结果表明，心理资本和工作投入在学校支持和特殊教育教师专业发展之间分别存在中介作用或链式中介作用。根据社会交换理论，特殊教育教师专业发展和学校支持之间不仅仅是“直接交换”，还有“间接交换”关系，学校支持可以通过以下三条中介作用路径影响特殊教育教师专业发展：学校支持—心理资本—特殊教育教师专业发展，学校支持—工作投入—特殊教育教师专业发展，学校支持—心理资本—工作投入—特殊教育教师专业发展。

第一，心理资本在学校支持和特殊教育教师专业发展之间的中介作用显著（$p<0.001$）。学校支持是在教师专业发展方面给予各种支援和帮助的行为过程，特殊教育学校可以向教师提供物质和精神上的支持，如改善教育教学设施和条件，提供良好的工作环境；鼓励教师互相协作和共享资源，促进教师之间的交流与合作；提供必要的奖励和福利，关注教师的职业发展和个人发展等，有助于满足他们的社会情感需求，增强其工作满意度，丰富自信、希望、乐观等心理资源，从而提高特殊教育教师的心理资本。如特殊教育教师面对挫折时，学校支持可以创造一种积极环境，给他们带来较高的韧性水平，不用过度担心受到学校的惩罚，而是以一种充满希望的心理状态去克服工作中的困难。同时，心理资本是作用于教师专业发展的重要变量，[1] 乐观

[1] 刘宗南，卢会醒，章普，等.乡村教师选拔：人力资本、社会资本与心理资本——基于12000余名新入职乡村教师的调查[J].教育学术月刊，2022，363（10）：97-105.

可以减少特殊教育教师因工作压力和挫败感而出现的情绪波动和焦虑，心理韧性可以增强特殊教育教师“逆境中恢复反弹的调整力”[1]和战胜困难的动力，希望可以促进特殊教育教师自我调节、自我激励，自我效能感可以提高特殊教育教师对自身专业能力的信心和认同，激励其不断探索和创新，改进教学方式和方法，从而提高特殊教育教师的专业水平和专业素养。可见，学校支持能够通过心理资本的中介作用对特殊教育教师专业发展产生影响。

第二，工作投入在学校支持和特殊教育教师专业发展的倒U形关系中存在显著的中介作用（$p<0.001$）。已有研究表明，在工作投入的前因变量中，学校因素是影响教师工作投入的重要方面，[2]学校住房、福利保障、校园文化、领导支持等对教师专业发展均有影响。[3]依据社会交换理论，特殊教育教师在人际与学校工作资源中获得越多，得到学校支持的力度越大，回报组织的心理动力就越强，工作投入也就越高。当学校过度关注特殊教育教师的工作、过度干预他们的决策和行动时，可能会让他们变得过于依赖学校和外部支持，逐渐失去工作的主动性和创造性，减少工作投入。工作投入是特殊教育教师认同自己工作的重要性，全身心专注于工作内容的认知状态和积极情感。工作投入度高的特殊教育教师专注于教育教学工作，在教育实践过程中主动寻找自己的优势和不足，积极探索新的教学方法和策略，以积累更多的经验和资源，在此基础上不断提高自身的教育教学水平和专业能力。根据资源保存理论，情绪耗竭的员工缺乏足够的情感资源去满足工作的要求。[4]特殊教育教师长时间处于过度紧张和疲劳的状态中，缺乏社交活动的支持和互动，容易出现身心健康问题，产生情绪耗竭，继而对专业发展产生负向影

---

[1] 乔朋华，龙杨，许为宾.管理者心理韧性对企业创新绩效的影响机制研究[J].外国经济与管理，2022，44（7）：33–47.

[2] 杨秀秀，胡惠闵.个体特征和工作环境对教研员工作投入的影响：自我效能感的中介作用[J].全球教育展望，2021，50（8）：116–128.

[3] 伍新春，齐亚静.职业心理健康视角下教师工作资源的分类及其启示[J].北京师范大学学报（社会科学版），2021（5）：48–55.

[4] 黄嘉欣，汪林，储小平.伦理型家族企业领导对员工偏差行为的影响机制研究——基于广东民营家族企业的实证数据[J].中山大学学报（社会科学版），2013，53（2）：199–208.

响。总之，特殊教育学校为教师专业发展提供高水平的支持，特殊教育教师对学校的组织认同感就更强，从而增强教育工作的投入度，[1]积极参与各类教研活动，不断拓展自身的能力边界，实现专业水平的提升。学校支持能够通过工作投入的中介作用影响特殊教育教师专业发展。

第三，心理资本和工作投入在学校支持和特殊教育教师专业发展之间的链式中介作用显著（$p<0.001$）。在管理领域的许多研究表明，心理资本及乐观、希望、自我效能等维度与个体行为变量有着密切的关系，能够对员工的工作态度和行为产生积极影响。心理资本可以预测工作投入，[2]其中希望是最主要的心理资源，然后是自我效能和乐观，它们共同作用于工作投入。[3]卡拉特佩（Karatepe）研究发现，希望感能够有效促进酒店员工的工作投入，提升其服务表现。张淑华和王可心认为，拥有希望感的个体能够有效应对困难和挑战，并为实现自身设定的目标付出最大努力，从而引发希望感与工作投入之间良性循环，即高希望感—高工作投入—更高希望感。[4]科特优（Cottew）和麦克唐纳（McDonald）等研究表明，乐观、自我效能等心理资源对工作投入同样具有显著的正向影响。对于特殊教育教师而言，乐观、希望等心理资本元素能够激发他们开放、积极、灵活的心态，挖掘并利用学校环境中的有利因素，有效降低特殊教育工作中复杂情境引发的工作压力，从积极的认知转化为积极的行为，从而实现高水平的专业发展。

综上可知，特殊教育教师的心理资本会正向预测工作投入，学校支持能够通过心理资本和工作投入的链式中介作用对特殊教育教师专业发展产生影响。

[1] 高晓清，杨洋.绩效考核公平感对县域中小学教师工作投入的影响——基于组织认同的中介效应[J].教育研究，2022，43（11）：149-159.

[2] 邹维兴，丁湘梅，郑玉国，等.西部民族地区新建本科高校教师心理资本对其工作投入的影响——职业认同和工作满意度的中介作用[J].教师教育研究，2022，34（6）：53-60.

[3] 逯长春.广西中职教师心理资本与工作投入现状及关系调研[J].教育与职业，2020（8）：85-90.

[4] 张淑华，王可心.情绪、希望感与工作投入：来自经验取样法的证据[J].中国人力资源开发，2017（11）：65-75.

第八节　本章小结

本章应用实证研究方法对学校支持影响特殊教育教师专业发展的理论模型进行了检验。首先，基于理论分析，提出学校支持对特殊教育教师专业发展的直接作用和中介作用路径假设；其次，以学校支持为自变量，心理资本和工作投入为中介变量，以特殊教育教师专业发展为结果变量，对这些研究变量进行操作化与测量；再次，以特殊教育教师为研究对象，采用多阶分层不等概率抽样，发放相关问卷并回收数据；最后，运用相关分析、分层回归、Bootstrap等多种方法对数据进行统计分析，实证检验研究所提出的假设，进一步讨论学校支持对特殊教育教师专业发展的影响机制。结果表明学校支持及其维度（制度支持、物质支持、专业支持和文化支持）与特殊教育教师专业发展存在显著的倒U形曲线关系，情感支持能够正向预测特殊教育教师专业发展。心理资本和工作投入在学校支持与特殊教育教师专业发展之间发挥着显著的部分中介作用。学校支持能够通过以下三条中介作用路径影响特殊教育教师专业发展：学校支持—心理资本—特殊教育教师专业发展，学校支持—工作投入—特殊教育教师专业发展，学校支持—心理资本—工作投入—特殊教育教师专业发展。

第五章 特殊教育教师专业发展的学校支持体系构建策略

研究结果明晰了学校支持对特殊教育教师专业发展的影响机制，学校支持在特殊教育教师专业发展中发挥着无可替代的作用。学校的制度支持、情感支持、物质支持、专业支持和文化支持均对特殊教育教师专业发展具有显著影响，同时学校支持通过心理资本和工作投入的间接路径影响特殊教育教师专业发展，共同作用于特殊教育教师专业发展的实践过程。特殊教育教师的学校支持水平距离倒U形曲线“拐点”还有不小的差距，教师专业发展还未获得足够的学校支持。不少特殊教育学校依然存在着经费使用困难、激励制度不完善、培训机会有限、数智教学资源欠缺等诸多困境，教师专业发展的学校支持体系尚未建立，严重制约了特殊教育教师的专业成长。对此，特殊教育学校可从物质、情感、制度、专业、文化五个方面着力加大支持力度，构建“五位一体”的学校支持体系，进一步增强教师工作投入，培育其心理资本，以促进特殊教育教师专业发展，助推特殊教育教师队伍向高质量发展。

第一节　保障专业发展　构建“五位一体”学校支持体系

一、丰富物质支持，夯实特殊教育教师专业发展基础

学校作为教师专业发展的“最重要场域”，[1] 是特殊教育教师发挥能动性和创造性的实践条件。特殊教育的发展离不开大量的人力、物力和财力，特殊教育教学对场地设备、教学器材、信息技术等物质资源具有高度的依赖性，学校的物质支持能为特殊教育教师专业发展提供最直接、最有效的帮助。其中，经费和基础设施对特殊教育教师专业发展至关重要，它们为特殊教育活动的开展提供了必备的资源和条件。本书发现不少特殊教育学校不愿用经费、不敢用经费，经费未得到合理地分配和使用；低职称、低教龄、无编制特殊教育教师难以获得足够的经费支持，从而缺乏专业成长的渠道；仍有部分学校的基础设施不够完善，难以满足特殊儿童的学习和生活需求。对此，亟须从经费管理和基础设施建设入手，夯实特殊教育教师专业发展的基础。

首先，创新经费管理方式，设立特殊教育教师发展专项经费。特殊教育学校应制订科学合理的经费支出计划，提升对教师专业发展的重视力度，调整经费使用结构。增加特殊教育教师专业发展经费预算，向课程开发类、专业研修类、科研项目类、交流学习类等促进教师学习积极性的经费类别倾斜；搭建各类教师专业发展平台，设立专项经费开发多样化的教师培养项目，如校际合作培养、双师型教师培训、优秀教师培育等项目，确保低职称、低教龄、无编制的特殊教育教师能够得到足够的专业成长机会。同时简

[1] 刘义兵，李月.重塑“尊师重教”：当代意义及其路径[J].当代教育科学，2022（5）：56-62.

化教师经费报销流程，建立明确的审批标准和流程，针对不同金额的经费支出，设定不同的审批权限和速度，对于小额经费支出，采取简化的审核方式，以提高经费报销效率；引入移动报销平台或在线报销系统，让特殊教育教师能够随时随地提交经费报销申请，以提高经费报销的便利性。特殊教育学校通过创新经费管理方式，让教师“敢用”经费、“会用”经费、“乐用”经费，以提高教师发展经费的使用效益。

其次，分类分项分层推进特殊教育学校基础设施建设，赋能教师专业发展。特殊教育学校的硬件建设不能盲目追求“高大上”“面子”工程，必须切合各个地区特殊教育发展情况和残疾儿童少年的实际需求，向无障碍设施与设备倾斜，依据《无障碍环境建设条例》等相关文件要求，有目的地分类分项分层建设，充分考虑不同障碍类型学生的需要，提供符合其实际需求的无障碍设施。比如，对盲生提供导盲系统、触摸标识和语音提示等，对聋生提供视觉提示和听觉辅助设备等。同时，各地特殊教育学校要将最新的教育技术和教学模式融入校园空间设计，改善教室、办公室、卫生间、图书室等生活、教学基础设施条件，配备先进的教育技术设备和软件，如情境互动训练室、触摸屏计算机、智慧教室等，都有助于开展更丰富、全面和个性化的教学活动，为特殊教育教师创设良好的工作环境；开放或建立舞蹈室、音乐室、心理咨询室，为特殊教育教师提供宣泄、缓解工作压力的场所，以增强他们的工作幸福感和满意度；推进无线网络覆盖，嵌入以高性能计算机为基础的硬件设施，升级配置智能化教学设备、康复设备，应用现代信息技术赋能特殊教育教师专业发展。

二、加强情感支持，激发特殊教育教师专业发展动力

组织情感支持是组织机构在情感方面给予员工支持和帮助的行为过程，以增强他们的归属感和忠诚度，促进积极情绪和良好的工作绩效。情感信任的员工会自觉将自身利益与组织紧密联系起来，并积极为组织的长远发展

贡献力量。[1] 特殊教育学校组织对教师给予的认可、理解、鼓励等肯定性行为，都是影响教师专业发展的重要因素，这种影响不仅体现在教师职业发展方面，而且体现在教师的个人满足感和教学成就方面。由于工作内容的复杂性和专业性，特殊教育教师需要具备高度的耐心、责任心和爱心，耗竭大量情绪情感资源去满足特殊儿童的教育康复需求，特殊教育教师尤其需要充足的情感资源和精神力量的支持。对此，特殊教育学校要从以下三个方面加大情感支持，激发特殊教育教师专业发展动力。

一是校长践行民主型领导方式。校长在学校管理体系中被赋予极大的权力，负责推动教育教学实践，促进教师合作学习，在教师专业发展过程中扮演着重要角色。民主型领导是组织管理者鼓励下属讨论，发表意见，集思广益，然后决策。[2] 民主型领导风格的校长会创建一个开放、包容的沟通环境，以促进教师之间分享经验、互相支持，进而增强教师团体的专业能力和凝聚力，[3] 从而提升教育质量并推动学校整体发展。特殊教育学校校长要实行民主型领导方式，注重平等、参与与合作，畅通教职工不同诉求的表达，鼓励特殊教育教师发表意见、提出建议和参与学校决策，更好地满足特殊教育教师专业发展的需求，激发他们自我发展的热情。

二是构建和谐的人际关系网络。生态系统理论认为教师总是处于一定的生态环境中，学校组织中的教师既是个体的存在，也是组织的成员存在，学校环境对教师专业发展有着重要影响。[4] 特殊教育教师与周围的同事、学生等要素共同组成了特殊教育学校这个特有的“场域”，教师间和谐的人际关系不仅能促进教师的专业发展，[5] 还对学校的发展也有促进作用。因此，增进特殊教育教师之间的人际支持尤为重要。特殊教育学校要搭建交流平台，

---

[1] 倪清，吴成颂，徐慧，叶江峰.谦卑型文化与知识型员工创新绩效关系：风险承担意愿与情感信任的链式中介模型[J].科技进步与对策，2017，34（11）：132-139.

[2] 力量.论宓子贱的“放任型”领导艺术[J].中国行政管理，2000（5）：40-41.

[3] 王嘉毅，程岭.安迪·哈格里夫斯的教师观与教学观[J].全球教育展望，2011，40（8）：15-21.

[4] 陈晓端，高嵩，徐波.我国教师教育者研究：进展、局限与展望[J].教师教育研究，2023，35（1）：116-121.

[5] 杨帆，许庆豫.教师对学校环境的感知与专业发展[J].教育学报，2017，13（1）：82-92.

定期组织研讨会、工作坊或学术交流活动，让资历丰富的教师分享自己宝贵的经验，以引导其他教师分享新知识、新经验，打造彼此欣赏、互助共享的人际氛围，从而提高特殊教育教师对学校和职业的认同感。

三是为教师提供个性化支持。根据教师生涯发展五阶段理论和需要层次理论，不同地域、教龄、学历、职称等人口学变量的特殊教育教师在学校支持水平方面存在差异，不同教师对其专业发展具有不同的需求，对特殊教育教师提供个性化、差异化的支持，才是有效、可持续的支持方式。特殊教育学校应切实把“以人为本”的理念贯彻到各项管理工作中，尊重特殊教育教师的个体特点和独特性，关心爱护每一名特殊教育教师，给予他们更多的情感关怀和鼓励支持；重视低职称、低教龄、无编制特殊教育教师多样化的需求，了解他们在工作、生活等方面的需要，为他们提供个性化、目标导向的支持措施，如职业发展培训、学术研究项目、经验分享会议等，满足他们独特的需求和期望，从而激发其内在的专业发展动力，实现专业自主成长和职业发展。

三、完善制度支持，确立特殊教育教师专业发展保障

制度支持是特殊教育教师专业发展的重要保障，对教师专业发展起到规范、指导、激励等功能。[1]研究发现，特殊教育学校在制度支持方面存在教师准入制度不完善、职称评定制度欠科学、教学评价制度不健全等不足，导致特殊教育教师专业发展缺乏有效的保障和激励机制，特殊教育教师工作的积极性和创造性不足。为促进特殊教育教师专业发展，特殊教育学校亟须从教师准入、教学评价、职称评定三个方面完善相应的管理制度。

首先，健全特殊教育教师准入制度。特殊教育学校应根据《特殊教育

---

[1] 郝建江，郭炯.新兴技术赋能教师专业发展：诉求、挑战与路径[J].开放教育研究，2023，29（1）：46-52.

教师专业标准》，结合学校实际情况和发展需要，制定可供考核和评定的教师准入标准，突出师德和教育情怀的考察，关注教师的性格特征、从教动机、身份认同等方面，丰富专业技能水平考察的形式与内容，严把特殊教育教师队伍入职关，严格实行特殊教育教师拥有“教师资格证”和接受特殊教育相关培训制度，公开招聘、公平竞争、择优录用，从源头上选聘热爱特殊教育事业、专业素质过硬、富有爱心和责任心的优秀人才进入特殊教育教师队伍。

其次，建立科学合理的特殊教育教学评价制度。特殊教育课堂教学具有复杂性、专门性和不确定性，教学评价既要考虑特殊学生身体、智力、心理、语言等方面的个体差异，确立多元化、有弹性的评价标准；又要动态观测整个教学评价的发展进程，如认知状况、社交技能、情感态度等方面的变化情况，不断丰富评价指标体系，将过程性评价与结果性评价有机结合，帮助特殊教育教师及时调整和改进自己的教学方法，以提高教学质量和效果。

最后，优化特殊教育教师职称晋升评聘制度。特殊教育学校在教师职称评定中，需要考虑特殊教育工作内容的特殊性和复杂性，改进考核方法和手段，按照全面、综合、协同的原则，对教师的专业能力、道德素质、政治觉悟、岗位要求等方面进行综合评估，弱化论文、学位、培训次数等客观指标的比重，加入团队协作能力、社会服务活动、学生和家长的满意度等评价指标，探索多元标准、多条通道相结合的特殊教育教师职称评聘制度，从而让职称制度对特殊教育教师产生“集激励、引导和教育于一体的专业发展效用”[1]。

四、强化专业支持，拓展特殊教育教师专业发展资源

专业支持是学校为教职员工提供学习、教研和进修等专业化成长支持的

[1] 吴乐娇，吴黛舒.小学教师职称限额设计的制度性困境与反思[J].当代教育科学，2020（2）：31–36.

资源。[1]学校通过提供专业支持、提供发展平台、构建包容性机制等策略，能够有效促进教师专业发展。[2-3]本书发现，部分特殊教育学校供给的专业资源十分有限，难以满足绝大多数特殊教育教师专业发展的需求，严重制约了特殊教育教师专业水平的提升。特殊教育学校要从畅通教师需求表达渠道、改进教研活动、完善培训机制等方面入手，进一步拓展专业资源，为特殊教育教师专业成长创造更加多元的机会。

一是通畅需求表达渠道，提供适切的专业资源。特殊教育学校“自上而下”的专业资源供给决策模式，常常忽视了教师参与教育决策的诉求。不同发展阶段的教师所需要的专业支持不同，[4]缺少对教师专业需求类别、层次的多重考虑，难免会发生供需错配的问题。为此，特殊教育学校在提供专业支持的过程中需要畅通特殊教育教师需求表达渠道，建立教师咨询委员会、信箱、邮箱、网络社区等需求表达平台，及时了解与回应教师的多元化诉求，根据教师的个性化需求持续优化特殊教育资源的种类和范畴，以确保专业资源供给的适切性和有效性。

二是开展丰富的校内教研活动。校内教研活动是特殊教育学校统一组织，以教师为主体开展的研讨活动，对于加强特殊教育教师专业发展的意识和推动其专业成长起着至关重要的作用。特殊教育学校可通过开展教师的集体备课活动，形成教师教研共同体，促进教师间的沟通与交流，提升教学质量；开展课题研究活动，促使教师关注特殊教育领域的问题，深入理论研究，推动特殊教育理论和实践的结合；开展公开课展示活动，让特殊教育教师互相观摩学习，从优秀教学实践中汲取经验，不断提升自己的教育教学能力；开展教学反思活动，促使特殊教育教师审视自己的教学方法和策略，发现不足之处，不断改进教学内容和方法，从而提升专业能力和教学水平。

---

[1] 王晋，杨喆.班主任成长的组织支持：本土经验与域外视点[J].教育理论与实践，2020，40（10）：29-34.

[2] 张红.教师专业发展共同体的模式探索与机制建设[J].中小学管理，2022（9）：36-38.

[3] 韩悦，周正.美国乡村教师保留率及其社会支持路径研究[J].比较教育学报，2022（1）：127-142.

[4] 张敏霞，王陆.基于大数据的知识发现：不同教师群体实践性知识的发展特征[J].电化教育研究，2021，42（2）：106-111.

三是完善特殊教育教师培训机制。教师培训与研修是当代教师专业发展最关键的路径，[1] 能够显著“助力教师专业成长提质增效”[2]。学校组织层面是否给予每一名特殊教育教师适切的培训项目，开展基于教师需求的研修活动，对其专业发展具有重要作用。第一，特殊教育学校要为教师专业发展提供需求诊断服务，了解每位教师的学科特长、教学经验和个人成长目标，为他们提供个性化的培训项目，更好地满足教师的发展需求。第二，特殊教育学校可以借助现代教育技术采集、记录与分析特殊教育教师培训数据，不断优化培训方案设计；同时注重培训方式的灵活性、培训内容的实效性和针对性，发挥线上、线下、学校学习的各自优势，整合优质培训资源，促进特殊教育教师培训模式从“大漫灌”式培训走向线上线下联动+校本学习融合的精准式研修。第三，特殊教育学校要重视实践技能培训，通过组织教师参与实地观摩、教学设计、案例分析等应用性较强的培训活动，提高教师在课堂管理、教学设计、评估和反馈等方面的能力，进而实现专业素养的提升。

五、增强文化支持，创建特殊教育教师专业发展氛围

学校组织文化是学校在创建、办学和发展过程中所形成的精神价值观念和呈现出的物质形态。[3] 特殊教育学校在实践中形成了特定的工作文化，能够对学校教师员工的思考方式、行动等产生影响。研究发现，部分特殊教育教师花费大量时间在校外兼职，不关心学校发展，对学校教研工作敷衍了事，学校组织系统的向心力和凝聚力严重不足。特殊教育学校亟须加强组织文化建设，为教师营造良好的专业发展氛围。

---

[1] 许环环，陈霞.学历越高发展越好吗——学历提升背景下中小学教师专业发展反思[J].教育发展研究，2023，43（2）：52–59.

[2] 冯晓英，林世员，骆舒寒，等.教师培训助力教师专业成长提质增效——基于国培项目的年度比较研究[J].中国电化教育，2021（7）：128–135.

[3] 别敦荣.高等教育普及化背景下行业性高校发展定位[J].中国高教研究，2020（10）：1–8.

第一，构建学校发展的共同愿景。共同愿景是共同体成员在组织发展过程中为实现集体目标而形成的共同愿望和自发追求，有共同发展愿景的组织可以推动教师的专业成长。[1]特殊教育学校要凝聚发展共识，明确学校对特殊教育使命、学生关怀和教育质量的承诺，让每个教职员工都认识到他们对学生和学校的发展承担着重要责任，形成“提供高质量的特殊教育服务，促进特殊儿童全面发展和融入社会”的发展愿景，以此凝聚特殊教育教师力量，营造尊重教师、崇尚先进、鼓励奉献的工作氛围，增强特殊教育教师对学校的组织认同感，激发他们的工作热情，提高工作效率，实现个人成长和职业发展。

第二，打造合作互助的学校文化。教师合作文化是教师在相互合作和支持的基础上，共同营造一个开放、信任和协作的工作环境，从而形成共同发展的关系形式。教师合作文化作为“影响教师专业发展有效性最主要的因素”[2]，对特殊教育教师专业发展具有积极的推动作用。特殊教育学校应为教师构建多元的合作交流平台，如学校网站、论坛、讨论板或聊天室等，使教师能够方便地分享经验、提出问题和互相交流；可以根据特殊教育教师的需求和兴趣设置多个小组，定期组织专业发展活动，如讲座、教学观摩、研讨会、工作坊等，为特殊教育教师提供一个面对面的交流平台，让他们互相学习、分享教学经验，激发创新思维和专业发展潜力。通过合作交流平台的建立，为特殊教育教师互帮互助营造自主、开放和安全的文化氛围。

第三，建立教师专业学习共同体。教师专业学习共同体是一种自愿性质的学习型组织形式，它以分享和合作为核心，把教师联结在一起互相交流学习。作为“教师发展的新范式”，专业学习共同体的“根本任务是建构一种教师间和谐、融洽的共生环境”[3]，有效提高教师的自主性、建设教师合作

---

[1] 钟玉琴，沈丽萍，施伟萍.名师共同体引领下的五年制高职院校教师分层分类发展探究[J].教育与职业，2020（16）：70-74.

[2] 陈纯槿.国际视域下的教师专业发展及其影响因素——基于TALIS数据的实证研究[J].比较教育研究，2017，39（6）：84-92.

[3] 杜静，常海洋.教师专业学习共同体之价值回归[J].教育研究，2020，41（5）：126-134.

文化。[1] 特殊教育学校可构建灵活多样、类型丰富的教师专业发展学习共同体，如入职学习共同体为新任特殊教育教师提供入职培训和学习支持，帮助他们转变角色观念；校际联动学习共同体促进特殊教育教师交流合作，拓宽专业视野；师徒协作共同体开展教学交流、教案研讨和观摩学习，特殊教育教师分享宝贵知识经验；人工智能共同体为特殊教育教师提供个性化的学习路径和资源，助力精准学习和专业能力提升。依托专业学习共同体，为特殊教育教师提供全方位的专业支持，激发教师参与专业活动的积极性和主动性，创建合作、支持、共享的学校文化氛围，促进教师自发性地提升与成长。

第二节　优化激励机制　提升特殊教育教师工作投入

本书结果证实了工作投入对特殊教育教师专业发展具有正向预测作用，工作投入在学校支持与特殊教育教师专业发展之间发挥显著的中介作用。研究也发现，特殊教育教师在教学和康复训练过程中面临着诸多困难和挑战，工作强度较大、压力较大，但在绩效、薪酬、荣誉等方面缺乏足够的支持和认可，致使特殊教育教师感到身心疲惫，产生职业倦怠情绪，降低了工作投入程度。为增强特殊教育教师的工作投入，研究从“影响教师工作投入的关键性、干预性变量——激励制度”[2]入手，聚焦编制激励、薪酬激励、精神

---

[1] 汪明帅，王亚君.指向教师专业发展的教研员“桥梁”隐喻研究[J].全球教育展望，2021，50（3）：91–105.

[2] 李国仓.“内卷”抑或“躺平”：高校激励治理中的教师工作投入选择[J].江苏高教，2022（12）：107–114.

激励三个维度，提出进一步提升特殊教育教师工作投入水平的对策建议。

一、完善教师编制制度，增强特殊教育教师工作活力

教师编制制度作为我国教师队伍建设的基础性和源头性制度，直接影响着教师队伍的稳定性和专业水平的提升。[1] 长期以来，编制制度在吸引特殊教育人才、保护特殊教育教师权益、提高师资队伍整体素质等方面发挥了重要作用。随着特殊教育事业的快速发展，现行编制制度产生的问题也愈加凸显，“定编到人”“一编定终身”的人事政策制约了编制资源使用效益，积极探索编制的动态使用和调整机制，高效配置特殊教育教师编制资源成为当务之急。

一是研究出台国家层面的特殊教育教师编制标准。国家层面制定科学适宜的特殊教育教师编制标准，不仅有利于特殊教育资源公平配置，还为各地制定科学合理的特殊教育教师编制标准提供了重要的依据。首先要明确特殊教育教师编制标准制定的主要依据与基线比例。综合考虑新形势下我国高质量教育体系建设的需要，特殊教育事业发展的实际需求和特殊儿童身心发展特点，立足于特殊教育教师队伍建设，打造普惠公平的教育环境，编制资源宜向革命老区、民族地区和边远地区的特殊教育教师适当倾斜，编制适于按照教职工与特殊儿童1∶6～1∶3的比例区间确定，优先保障特殊教育学校专任教师、校长等关键岗位的用人需求。同时，合理设置一定数量的附加编制和机动编制。统筹考虑各个地区的特殊教育发展状况，尤其是偏远山区、海岛和牧区等地的特殊教育需求，以及特殊教育教师脱产进修、流动、离职、病产假等因素，按教职工总量的5%～15%灵活设置附加编制和机动编制，保障特殊教育教学稳步发展。

二是建立特殊教育教师编制动态调整机制。“编制在手，终身不愁”容

[1] 庞丽娟，王红蕾.新形势下创新完善我国学前教师编制与人事制度的政策思考[J].北京师范大学学报（社会科学版），2023，295（1）：62-69.

易使部分特殊教育教师产生“铁饭碗”的思想，降低工作的上进心和积极性，编制对教师专业发展的约束作用逐渐凸显，[1]亟须深化教师编制管理制度改革，建立特殊教育教师编制动态调整机制。首先，特殊教育教师编制实行市级统筹、单列管理、单独记账，地市级政府根据各区县特殊教育发展及教师编制使用情况，激活长期闲置编制的使用权，置换工勤岗位编制，统筹全市存量和新增编制资源，向编制需求紧张区县和特殊教育教师队伍建设薄弱地区倾斜调配，形成“市级统筹、重点保障、能增能减、动态管理”的编制使用原则和运行方式。其次，实行特殊教育教师编制定期核定和动态调整制度。建立教师编制数字化管理平台，实时掌握特殊教育教师的编制信息和需求，记录和管理教师编制的变动情况，如编制增减、岗位变动等，可以动态统筹调整各地特殊教育学校编制配置，畅通优秀教师获得编制的渠道，吸引更多优秀人才从事特殊教育职业。

三是建立特殊教育学校岗位管理制度。定编到人容易使入职即拥有编制的特殊教育教师将编制“私人化”，产生职业倦怠情绪，缺乏工作热情和主动性，导致不少特殊教育学校存在“养人而非养事”问题，一些需要编制支持的岗位缺乏编制资源。特殊教育教师人事制度改革的关键在于消除身份差异，按照“定编定岗不定人”的方式推进特殊教育教师由“身份管理”向“岗位管理”[2]转变。对此，当前改革的主要着力点是科学制订各类非在编特殊教育教师岗位管理方案，结合特殊教育学校教学、康复训练、学科建设等具体需求，合理设置非在编特殊教育教师的岗位类别、层级和结构比例，按照公开竞聘上岗、择优录取的原则，选拔热爱特殊教育事业的优秀人才进入特殊教育师资队伍。在此基础上，实行科学合理的岗位责任制，将特殊教育教师与岗位匹配，明确每位教师的工作职责和任务，并建立相应的绩效考核体系，以激励特殊教育教师发挥更大的工作积极性和创造力。

---

[1] 阮华，赵冉.教师质量如何影响中小学教师工资水平?——基于编制约束视角的净效应估计[J].教育科学研究，2022（5）：40–48.

[2] 杨红霞.试析美国终身教职制度及其发展与变革[J].国家教育行政学院学报，2023，303（3）：80–86.

二、优化绩效薪酬制度，激发特殊教育教师工作动力

薪酬是员工通过向组织提供劳动力所获得的各种形式的回报，包括金钱形式的基本工资、津贴、绩效、奖金等，以及非金钱形式的工作环境、荣誉表彰和带薪休假等福利待遇。[1]对于特殊教育教师而言，绩效薪酬是物质激励中最具导向性和激励性的因素，科学的绩效薪酬制度可以有效地激活特殊教育教师的潜能，激励他们不断提升自己的专业知识和技能，以取得更好的工作绩效。针对特殊教育学校存在薪酬激励、绩效评价制度不健全等现实问题，相关部门和学校需要进一步完善绩效薪酬制度，满足特殊教育教师基本的物质生活需求，激发他们的工作动力和热情，使其专注于特殊教育工作，促进其职业发展。

一是重视并提高特殊教育教师整体薪酬水平，兼顾效率和公平。薪酬制度是特殊教育学校制度的重要组成部分，合理、公正、有竞争力的薪酬制度能够保障特殊教育教师的生计和生活品质，激发他们的工作积极性，吸引和留住优秀人才，体现特殊教育教师的职业价值和社会地位。首先，提高特殊教育教师整体薪酬水平。不同地区、学校的特殊教育教师在薪酬待遇、特殊教育资源等方面存在较大差异，通过完善特殊教育经费保障机制，加大对经济、教育发展水平相对落后地区特殊教育学校的财政支持力度，提高特殊教育教师薪酬结构中财政保障性薪酬的标准和比重，进一步改善特殊教育教师的工资待遇，切实贯彻国家关于特殊教育教师工资待遇倾斜政策，以及津贴补贴和相关待遇，为特殊教育教师提供具有竞争力的薪酬待遇，真正落实特殊教育教师平均工资收入水平不低于当地公务员的规定，让特殊教育教师在薪资待遇方面成为令人羡慕的职业，以吸引和留住高素质的特殊教育人才。其次，建立兼顾公平和效率的薪酬制度。特殊教育学校可以通过建立明确的薪酬分配方案，向教师和员工清晰地解释薪酬计算方式、分配原则和依据，

[1] 周国华，吴海江.中小学教师薪酬研究：问题与方向——基于近15年的文献分析[J].教师教育研究，2016，28（6）：96-104.

提供公开的薪酬信息，制定公正的薪酬标准和评估体系，以及建立有效的监督和反馈机制，确保每位教师都有机会了解自己的薪酬情况，接受教师的反馈和申诉，进而确保薪酬制度的公平性。除了公平性，薪酬制度还要兼顾效率，根据不同岗位的职责和要求，设定不同级别的薪酬水平，体现出特殊教育教师劳动的多样性，通过差异化的薪酬设计，激发特殊教育教师的积极性和工作动力，提高工作效率。

二是建立科学的特殊教育教师绩效评价制度。教师绩效评价是对教师一定时期内的工作成果、完成质量及具体表现等进行考核的过程，同时将绩效评价结果与教师薪资福利挂钩。[1]科学的绩效评价制度，能够有效地激发特殊教育教师的积极性和创造力，提高职业满意度和工作动力。首先，特殊教育学校要摒弃“一刀切”的简单化思维，制定全面、客观、可衡量的绩效评价指标，如班级管理、教学质量、教学方法创新、康复训练等，通过多元指标来反映特殊教育教师的工作成果和贡献度；采取教学观摩、教学设计、教学案例分享、同行评教等多种方式，全面了解和评价特殊教育教师的教育教学水平，避免单一指标导致评价结果的片面性。其次，除使用绩效工资作为激励手段外，特殊教育学校还要基于教师的实际需求，建立多类别、差异化的激励制度，采用荣誉认可、特长展示和进修学习机会等非货币激励方式，实现绩效工资与专业发展的双重激励。最后，要建立教师民主参与的绩效评价机制，让特殊教育教师广泛参与到绩效分配制度的设计和执行过程中，以公平、公开、透明为原则，关注不同年龄、性别和职称特殊教育教师的关注点和需求点，听取和重视他们的意见和建议，实行民主决策，使特殊教育教师的切身利益得到保障，进而增强他们的组织认同感和工作满意度。

---

[1] 田一聚.从技术性激励到专业性驱动：我国高校绩效工资制度的激励特征与优化策略[J].黑龙江高教研究，2023，41（6）：25–30.

三、强化精神激励效用，坚定特殊教育教师工作信念

精神激励是指激励主体运用某种无形手段满足激励对象的成就、尊重、自我实现等高层次需求，从而调动激励对象的积极性、主动性和创造性，以实现激励主体预定目标的策略，包括荣誉激励、感情激励、榜样激励等具体形式。[1] 因教育对象的特殊性，大众往往赋予特殊教育教师形式各异的标签和污名，如"保姆教师""降低标准的教师"等，而忽视他们的工作负荷、心理压力和"复合型"专业工作者的角色。[2] 污名化不仅影响特殊教育教师的职业形象，还会对他们的工作积极性和工作环境产生负面影响。因此，重视特殊教育教师的情感与个人发展的需求，弘扬特教精神，强化榜样激励和荣誉激励，让他们在教育过程中获得尊重感和成就感尤为重要。

一是弘扬"特教精神"，践行特殊教育使命。特教精神是特殊教育工作者在实践中形成的热爱特殊教育事业的理想和信念，是干一行爱一行专一行的职业精神，是不怕苦不怕累、坚守特教的扎根精神，是全心全意为特殊学生提供优质服务的育人精神，是关爱生命、尊重差异、以生为本的人文精神。特教精神作为特殊教育教师追求教育的生命意义和坚守育人职业的精神力量，是获得职业幸福感，追求卓越的内在动能。如何弘扬特教精神呢？第一，弘扬特教精神需要优化研修培训的内容和目标。特殊教育教师研修培训的内容应随着时代发展而更新，纳入特殊教育的新理念、新知识、新技能，融入特教精神的培养；有针对性地制订出适应性高、指导性强的培训计划，满足特殊教育教师的实际需求；在其专业水平得以提升的同时，牢固树立敬业奉献、崇尚仁爱、淡泊名利的职业精神。第二，弘扬特教精神需要营造氛围。以电视、报纸、微信公众号、App客户端、微博等为平台，大力推送优秀特教教师的先进事迹及特教精神的解读资料，营造

---

[1] 冯亚娟，邢仲超.安全激励对安全创新行为的影响研究——知识共享和安全氛围的作用[J].软科学，2022，36（4）：110-117.

[2] 朱楠，王雁."复合型"特殊教育教师的培养——基于复合型的内涵分析[J].教师教育研究，2015（6）：39-44.

尊重教师、崇尚先进、鼓励奉献的良好氛围，让特教精神逐渐深入教师心中，融入血液。

二是校长引领教师成长，发挥榜样激励作用。在特殊教育学校管理中，榜样激励是指学校选择品德高尚、工作表现突出的优秀教师作为榜样，发挥榜样教师带头示范作用的方法。校长作为学校教育改革发展的带头人，本身就具有树立榜样和标杆形象的作用，其思想言行既塑造着组织文化的样貌，也影响着组织成员的群体心智模式。[1] 根据班杜拉的社会学习理论，特殊教育教师的行为可以通过观察榜样的行为及其后果而习得，校长是教师观察的"天然榜样"，其态度、立场与思想对学校师生产生着潜移默化的巨大影响。作为特殊教育学校的校长，首先要秉持正确的教育理念，尊重差异、关爱学生、促进成长、多元发展，推动学校形成明确的办学目标和教育特色，引领和约束全体特殊教育教师以正确方式教书育人。同时校长要积极参与教师共同体活动，与教师一起讨论教学问题、分享经验，并提供支持和指导；通过身体力行、带头示范的方式，发挥校长的榜样效应，促进特殊教育教师之间相互学习，并推动新的教学实践，进而调动广大教师的工作积极性和主动性。

三是健全特殊教育教师荣誉制度，增强职业认同感。教师荣誉制度是为表彰教师在教育教学领域卓越表现和特殊贡献而设立的一套评选、认可和奖励机制，不仅能激发教师的内在教育情感，提升教师教书育人的荣誉感、成就感和使命感，还能"凝聚社会共识、提振师道尊严"[2]，具有激励和价值导向两大功能。健全特殊教育教师荣誉制度，首先，建立多层次的特殊教育教师荣誉体系，根据教师的专业发展阶段、学科特长和岗位特点，设立不同级别和类型的荣誉称号，全面覆盖特殊教育教师群体。其次，规范特殊教育教师荣誉制度的评选条件、标准、程序、实施方式和监督措施，实现各级荣誉制度的衔接与统一管理，确保评选过程的公正性和专业性，提升特殊教育

[1] 刘艳萍.榜样·指导·关怀：新时代校长领导力的三门硬功夫[J].中小学管理，2023，388（3）：21-24.

[2] 张笑予，祁占勇.国家教师荣誉制度的价值意蕴与政策供给[J].国家教育行政学院学报，2022（8）：61-70.

教师荣誉的社会公信力。同时，要为获得荣誉称号的特殊教育教师提供一定的社会优待，如医疗保障、电子资料订阅、培训、研讨、学术研修、旅游和子女教育等方面的优待政策，以增强他们的光荣感和自豪感，激励他们全心全意投入特殊教育事业。

第三节　培育心理资本　激活特殊教育教师内在动能

本书结果证实了心理资本对特殊教育教师专业发展具有正向预测作用，心理资本对特殊教育教师工作投入具有正向影响，心理资本在学校支持与特殊教育教师专业发展之间发挥显著的中介作用。研究发现，不少特殊教育教师专业发展的动力不足，对工作表现出消极态度和情绪，“躺平”现象普遍，缺乏继续学习和进修的渴望，没有明确的职业发展规划和目标。为激活特殊教育教师工作动能，促进其专业发展，研究从乐观、希望、韧性、自我效能四个维度提出培育特殊教育教师心理资本的建议。

一、培养特殊教育教师的乐观思维

乐观是一种积极向上的态度和观念，是对自己或社会期望持有的积极心态，其核心要素是“正面认知评价”。作为心理资本的核心要素，乐观的解释风格会帮助员工掌控自己的生活，将积极的期望变成现实。乐观是特殊教育教师专业发展中重要的人格特质，充满乐观心理的特殊教育教师对未来持有积极的态度，并在工作业绩上有上佳的表现。研究表明，专业乐观的教师更容易沉浸于工作，增加教学投入，获得良好的教育教学效果。据此，有必要从引导归因风格和建构乐观信念两个方面着手培养特殊教育教师的乐观思维。

一是引导特殊教育教师形成积极的归因风格。乐观的归因理论认为，乐观是一种归因风格或解释方式，乐观者倾向于将积极事件归因于持久的、普遍的个人因素，而将消极事件归因于短暂的、情境特定性的外在因素。积极的归因风格有利于动机的激发、自信心的培养，对个体的工作绩效产生正向影响。[1]对于特殊教育教师而言，学校管理者首先要树立乐观心态。管理者通过审视并反思自己习以为常的思维方式，改变消极悲观的解释方式，培养乐观的心态，善于发现他人的优点和潜力，并给予肯定和支持，为特殊教育教师建立良好的工作环境。同时，帮助特殊教育教师形成正确的归因方式。学校可以围绕归因方式组织名师讲坛、教师沙龙、专项培训等系列活动，以帮助特殊教育教师学会合理情绪疗法、积极自我对话等方法，建立理性认知，在面对困难时能够积极归因，更好地应对工作中的挑战。

二是主动建构乐观信念。乐观信念能激励特殊教育教师专注于教育教学工作，并对周围的教师群体产生辐射效应，使他们形成积极乐观的教育信念，带动学校形成乐观的工作与学习氛围。作为一种积极的精神态度，乐观的形成与提升离不开特殊教育教师个体的主动建构。第一，加强主动学习。特殊教育教师要保持开放学习的心态，并广泛阅读相关书籍、研究论文，以丰富自己的知识面，学会“宽恕过去、珍惜现在与抓住未来的机会”[2]等培育乐观的策略。第二，加强自我反思。特殊教育教师可以对自己的行为、态度和思维方式进行反思，审视自己是否存在消极情绪或负面信念，深入了解自己在问题和困难面前的态度，从而发现改变认知、自我完善的机会。第三，加强沟通交流。特殊教育教师要主动与同事、家长和其他教育专业人士交流，分享与交流教育康复经验，建立良好的人际网络；通过与他人的互动，得到积极的反馈和心理支持，从而增强工作的信心和乐观信念。

---

[1] 杨绍清，王伟芳，武帅，等.职工归因风格对工作绩效的影响：决策风格的中介作用[J].中国健康心理学杂志，2021，29（8）：1225–1230.

[2] Schneider S L.In search of realistic optimism[J].American Psychologist，2001，56（3）：250–263.

二、提升特殊教育教师的心理韧性

工作中的韧性是指个体面对逆境表现出能力和显示出职业成长为特征的一种发展轨迹，韧性不仅在于恢复“正常”，而且在于面对挑战时能够适应，并将逆境作为成长和发展的“跳板”。韧性与工作绩效正向相关，并且“对提升个人和组织的胜任力与人力资本有着深刻的意义”。特殊教育教师在工作中面临着许多具有挑战性的情境，包括特殊学生的沟通、情绪及行为等问题。韧性作为“逆境中适应各种情况的能力”，对特殊教育教师应对各种压力情境、坚守职业承诺至关重要。已有研究证实，韧性所涉及的日常技能和心理力量都能被发现、测量、培养和强化，外界的教育资源和个体的情绪管理能力在韧性培育过程中发挥着重要作用。

一是丰富特殊教育教师心理韧性的教育资源。目前，特殊教育教师职前培养和职后培训中，对教师心理韧性培育的关注不足，教师教育课程中缺少相关课程以帮助特殊教育教师建立心理韧性，心理韧性的教育资源较为匮乏。对此，首先，要开发职前特殊教育教师心理韧性课程。高等院校要立足于特殊教育领域的现实需求，制定心理韧性教育的课程目标，设计课程的结构和内容，将心理韧性的基础知识、训练方法和技巧融入课程中，以此提高特殊教育师范生应对压力和逆境的能力，进而帮助他们学会正确处理教育教学过程中的问题和挑战。其次，要构建数字化心理韧性课程资源平台。积极借鉴国外培养教师心理韧性的BRiTE课程体系和LITBSAY项目成果，[1]针对我国特殊教育教师的特点和工作环境开发形式多样的心理韧性培训和课程资源，并利用智能技术整合相关的专项课题资源和主题拓展资源等数字化资源，创建在线教育平台，为特殊教育教师提供丰富的心理韧性培训与课程资源。

二是增强特殊教育教师情绪管理能力。情绪管理能力是个体能够监测自

---

[1] 殷玉新，沙晓雨.澳大利亚教师复原力项目研究[J].比较教育学报，2023，345（3）：149-163.

己的情绪变化，并采取有效策略调整和恢复良好情绪状态的能力，[1]具有高情绪管理能力的个体能够更好地调整自身情绪来适应外部环境。研究发现，心理韧性因子包括情绪的稳定性及情绪管理能力，[2]积极情感的管理与心理韧性密切相关，并能在逆境中实现韧性的发展。特殊教育教师要提高情绪管理能力，以积极的情绪和状态面对工作中的困难和挫折，增强工作效能感。第一，关注自身情绪状态。特殊教育教师可使用科学的情绪测评工具，如情绪轮或情绪曲线等简便易行的方法监测自身的情绪波动，以便更好地理解自己的情感状态，及时地采取积极措施调整情绪，避免消极情绪进一步蔓延。第二，进行情绪管理训练。特殊教育教师要加强情绪管理，学习认知重构、呼吸放松、积极想象、注意力转移等情绪调节技巧，学会合理释放压力和放松心情，保持积极的心态和情绪稳定，促进心理韧性水平的提升。

三、培育特殊教育教师的希望品质

希望是一种积极的动机状态，以自主性和路径交互驱动的成就体验作为基础，这种积极的心理状态驱使个体运用合理的途径、信念来实现目标。研究表明，希望与工作绩效、组织承诺和行为之间存在明显的正相关关系。[3]在学校组织环境中，希望品质能够帮助特殊教育教师增加承担任务时的信心和路径选择，从而克服任务中的各种障碍，以实现高绩效的工作目标。通过构建组织文化和掌握培养方法，点燃特殊教育教师的工作热情，促成希望的正向增长，使心理资本得以进一步开发。

---

[1] 代蕊华，阙粤红.教师共情疲劳：表现、生成机理及干预策略[J].教师教育研究，2022，34（5）：77−83.

[2] 许树艳，廖倩，明秀峰，等.正念培育改善学警大学生心理韧性的对照研究[J].中国健康心理学杂志，2022，30（3）：441−447.

[3] 仲理峰.心理资本对员工的工作绩效、组织承诺及组织公民行为的影响[J].心理学报，2007（2）：328−334.

一是构建支持性的组织文化。组织文化是一个共同取向的系统，将组织成员凝聚在一起并赋予其独特的身份，形成对组织的情感依附。学校组织文化"具有比行政权威更大的作用力"，[1] 能凝聚、整合、同化、规范教师群体行为和心理的价值功能。[2] 特殊教育学校要建设支持性的组织文化，创造积极、合作和支持的工作环境，以增强特殊教育教师的组织认同感和希望感。第一，关心教师福利待遇。重视特殊教育教师的物质和心理需求，提供合理的薪酬待遇、福利保障，并对其生活给予必要的支持和关怀。第二，建立开放共享的工作氛围。特殊教育学校应营造一个开放的氛围，鼓励教师积极表达意见和想法，倡导教师之间的合作和沟通，以促进知识共享和经验交流。第三，提供培训与发展机会。为特殊教育教师提供培训计划、导师制度、跨校交流等学习和成长机会，满足他们的职业发展需求，从而提高其期望水平。

二是掌握培养希望品质的具体方法。研究表明，组织通过一些管理活动的干预，员工的希望品质可以得到培育。[3] 特殊教育教师要获得高水平的希望，有以下四种具体方法。第一，设定合理目标。特殊教育学校要创造条件和机会，帮助教师根据学校发展状况和自身现实条件做好职业发展规划，设定具体、可测量、有挑战性的工作目标，激发教师的职业理想和内在潜力。第二，鼓励教师民主参与决策。特殊教育学校实行自下而上的决策与沟通，鼓励教师自由表达意见和观点，积极参与决策过程，建立互信和尊重的氛围，增强教师对组织的归属感和心理承诺。第三，开展希望品质的培训。以提高特殊教育教师的希望品质为导向，实施参与式、互动式、分享式的培训，帮助教师将知识和能力培养成心理优势，积极应对工作中的各种挑战、任务和压力。第四，建立及时奖励机制。对于那些设置工作目标、展现出较强的自主性并对目标坚持不懈的特殊教育教师，学校要及时给予必要的物质

---

[1] 查建生.校长发展性听评课的实践与思考[J].上海教育科研，2021（3）：72–75.

[2] 蔺海沣，张智慧，赵敏.学校组织文化如何影响乡村青年教师留岗意愿——组织承诺的中介效应分析[J].教育研究，2021，42（8）：142–159.

[3] 叶飞.公共参与精神的培育——对"唯私主义综合征"的反思与超越[J].高等教育研究，2020，41（1）：18–24.

或精神奖励，让他们的工作“有奔头”，进一步激发行动的活力，通过奖赏强化正向希望思维。

四、提高特殊教育教师的自我效能

自我效能（self-efficacy）是指个体在追求特定目标时，对自身完成任务能力的感知。自我效能与工作态度、动机水平及工作绩效之间存在密切的联系，效能可以让人拥有较强的控制感，在压力、恐惧和挑战之下依然展开有效行动，通过取得成功，激发信心的持续正向增长，而信心又转而能带来更佳的表现和更大的成功，“形成自我提升的效能螺旋”。[1]研究表明，自我效能可以通过熟练掌握、成功体验、替代学习、社会说服、积极反馈、身心唤醒、增益身心健康等方式得到提升。提高特殊教育教师的自我效能，帮助他们坚定职业信念，增强对自身能力和价值的认同，并保持积极的工作动力和心态，提升职业满意度和教育成就感。

一是搭建专业发展平台，帮助特殊教育教师获得成功体验。成功体验是个体过去成功完成任务所获得的经历和心理感悟等。[2]特殊教育教师在教育教学工作中取得积极成果的经验和体会，如教学效果的提高、学生进步的见证、教师专业能力的增强等，都是教师的成功体验。特殊需要儿童个体差异大、障碍程度复杂、进步相对缓慢，特殊教育教师往往缺乏工作成就感，让他们“获取更多成功体验是增强自我效能感的重要途径”[3]。第一，提供教育教学展示平台。通过举行公开课、教学技能大赛和学科竞赛等活动，为特

[1] 马君，朱梦霆.命运天定还是逆天改命：探索劣势者成见的“傀儡效应”与“黑马效应”[J].心理学报，2023，55（6）：1029-1048.

[2] 张勇，龙立荣.人—工作匹配、工作不安全感对雇员创造力的影响——一个有中介的调节效应模型检验[J].南开管理评论，2013，16（5）：16-25.

[3] 刘莉莉，孔曼.变革型领导力与教师组织承诺的关系研究——教师自我效能感的中介效应分析[J].华东师范大学学报（教育科学版），2020，38（7）：97-105.

殊教育教师创造更多实践锻炼的机会，在增加工作挑战性的同时，培养他们将压力转化为动力的能力，并提高他们面对困难时的耐力和坚持力。第二，建立合作分享的平台。通过定期的教研活动、经验分享会和团队教学等形式，以促进特殊教育教师之间的互动和交流，通过他人的反馈和支持，增进对特殊教育的理解和洞察力。第三，创造学术交流平台。鼓励特殊教育教师参与学术研究和专业论坛，了解特殊教育领域教学方法、干预手段、评估工具等方面的研究成果和发展动态，帮助他们改进教学策略，提高教育康复效果。

二是加强心理授权，提高特殊教育教师的自我价值感。心理授权（psycho-logical empowerment）是指组织员工对于自己在工作中的能力、影响力和自主权的认知，它能激发内在的、持久的工作动力，是自我效能感增强的过程。[1]特殊教育教师的心理授权是他们对自己在工作中的作用和角色的主观认知，可以通过影响教师内在动机的方式来改变他们的行为表现。当加强特殊教育教师心理授权时，他们会更加自信，认可自己的优势和能力，主动承担责任，相信自己能够完成工作任务，获得一种自主感和价值感。第一，合理分配教师的岗位和工作内容。学校管理者要根据每位特殊教育教师的能力和特长调整他们的工作岗位和职责，增加对教师工作的认可和奖励，给予他们更多的自主权和信任。第二，给予特殊教育教师情感关怀。学校可以组织定期的会议、座谈或面谈，让特殊教育教师有机会表达他们的心理压力、工作和生活中的困惑等，充分地重视并及时解决他们面临的困难和问题，使特殊教育教师在心理上感受到被支持和重视，增强对学校的认同感和义务感。第三，建立充满信任的工作氛围。特殊教育学校要给予教师充分的信任和支持，敢于授权给特殊教育教师，允许他们自主选择教学方法、安排课程、管理课堂等，减少过度干预和不必要的监督，营造互助互信的工作氛围，进而增强特殊教育教师的工作满意度和幸福感。

[1] 王银铎，孔茗，尹玖龙.内隐追随原型对员工职业成功的影响研究[J].科学决策，2021（6）：70-89.

参考文献

一、著作类

[1]班杜拉.思想和行动的社会基础：社会认知论[M].林颖，等，译.上海：华东师范大学出版社，2018.

[2]彼得·布劳.社会生活中的交换与权力[M].李国武，译.北京：商务印书馆，2008.

[3]崔允漷，柯政.学校本位教师专业发展[M].上海：华东师范大学出版社，2013.

[4]邓津.定性研究：策略与艺术（卷二）[M].重庆：重庆大学出版社，2007.

[5]费斯勒，克里斯坦森.教师职业生涯周期——教师专业发展指导[M].董丽敏，等，译.北京：中国轻工业出版社，2005.

[6]江芳，王国英.教育研究方法[M].上海：华东师范大学出版社，2009.

[7]教育部师范教育司.教师专业化的理论与实践[M].北京：人民教育出版社，2003.

[8]雷江华，方俊明.特殊教育学[M].北京：北京大学出版社，2011.

[9]刘建明，张明根.应用写作大百科[M].北京：中央民族大学出版社，1994.

[10]刘义兵.教师专业发展[M].北京：高等教育出版社，2017.

[11]乔纳森·H. 特纳.社会学理论的结构[M].邱泽奇，张茂元，译.北京：

华夏出版社，2006.

[12]瞿海源，毕恒达，刘长萱，杨国枢.社会及行为科学研究法（二）·质性研究法[M].北京：社会科学文献出版社，2013.

[13]邵芳.复合型视角下组织支持形成及作用研究[M].西安：西安电子科技大学出版社，2016.

[14]盛永进.特殊教育学基础[M].北京：教育科学出版社，2011.

[15]王建军.课程变革与教师专业发展[M].成都：四川教育出版社，2004.

[16]王娇艳.特殊教育教师心理资本研究[M].南京：南京大学出版社，2020.

[17]王秋绒.教师专业社会化理论在教育实习设计上的蕴意[M].台北：师大书苑有限公司，1991.

[18]王雁，肖非.中国特殊教育教师培养研究[M].北京：北京师范大学出版社，2012.

[19]王雁.中国特殊教育教师发展报告2018[M].北京：北京师范大学出版社，2020.

[20]吴明隆.问卷统计分析实务：SPSS操作与应用[M].重庆：重庆大学出版社，2010.

[21]谢竹云.组织支持感、心理资本与员工工作产出研究[M].镇江：江苏大学出版社，2014.

[22]杨广学，杨福义.中国特殊教育教师专业发展状况调查与政策分析报告[M].上海：华东师范大学出版社，2014.

[23]叶澜，白益民，王枫，等.教师角色与教师发展新探[M].北京：教育科学出版社，2001.

[24]约翰·克雷斯维尔，薇姬·查克.混合方法研究：设计与实施[M].游宇，陈福平，译.重庆：重庆大学出版社，2017.

[25]赵敏.学校管理学[M].广州：广东高等教育出版社，2017.

[26]中华人民共和国教育部发展规划司.中国教育统计年鉴2020[M].北京：中国统计出版社，2021.

二、期刊类

[1]艾述华.国内特殊教育教师专业发展研究综述[J].中国特殊教育，2013（2）：27-30.

[2]敖勇前，刘璞，王庭照.新时代背景下我国特殊教育事业发展需求分析——基于 2016—2019 年全国两会特殊教育提案的文本分析[J].中国特殊教育，2020（3）：14-22.

[3]班永飞，孙霁，白冰玉.特殊教育教师职业承诺对职业倦怠的影响：教学效能感的调节效应[J].中国特殊教育，2019（8）：34-40.

[4]鲍威，陈亚晓.经济资助方式对农村第一代大学生学业发展的影响[J].北京大学教育评论，2015，13（2）：80-96.

[5]别敦荣.高等教育普及化背景下行业性高校发展定位[J].中国高教研究，2020（10）：1-8.

[6]蔡新宇，高书丽.中国与俄语区国家教育合作意愿研究[J].国家教育行政学院学报，2020（2）：79-87.

[7]曹守慧，丁士军，孙飞.新型城镇化综合试点政策对城镇发展质量的影响研究[J].华中农业大学学报（社会科学版），2021（5）：75-84.

[8]查建生.校长发展性听评课的实践与思考[J].上海教育科研，2021（3）：72-75.

[9]晁罡，万佳佳，王磊，常赛超.传统文化培训强度对员工工作投入的影响机制研究[J].管理学报，2021，18（8）：1158-1165.

[10]陈纯槿.国际视域下的教师专业发展及其影响因素——基于TALIS数据的实证研究[J].比较教育研究，2017，39（6）：84-92.

[11]陈德明，张革华.关注贫困大学生就业 构建学校支持体系[J].前沿，2004（10）：152-154.

[12]陈芳，傅朝晖.湖南省特教教师专业发展的现状及其分析[J].当代教育理论与实践，2011，3（10）：10-12.

[13]陈珅，陈科，李永鑫.河南省中小学心理健康教师的心理健康素养[J].中国健康心理学杂志，2021，29（8）：1219-1224.

[14]陈娜.外包行业招聘岗位员工工作幸福感、组织支持感和心理资本关

系[J].中国健康心理学杂志，2020（7）：1033–1038.

[15]陈如青.基于投资效率视角的公司治理与企业绩效关系研究[J].企业改革与管理，2021（3）：26–27.

[16]陈帅，俞飞滢，周娟，等.共享经济下半契约型员工忠诚度形成机制——一个基于扎根理论的探索性研究[J].财经论丛，2020（2）：94–103.

[17]陈婷，胡雪涵，高鑫.西部中小学STEAM教育的困境与对策——基于西部 12 省（市、自治区）中小学教师STEAM认识的调查分析[J].教师教育研究，2021（2）：59–64.

[18]陈向明.扎根理论的思路和方法[J].教育研究与实验，1999（4）：58–63.

[19]陈小侠，申仁洪.特殊教育教师专业化标准及发展模式的研究述评[J].中国特殊教育，2008（4）：65–69.

[20]陈晓端，高嵩，徐波.我国教师教育者研究：进展、局限与展望[J].教师教育研究，2023，35（1）：116–121.

[21]程丽，张红梅，伍香平，陈荣.幼儿教师心理资本对职业承诺的影响：有调节的中介效应[J].教师教育研究，2020（4）：87–95.

[22]程秀兰，高游.幼儿园教师社会支持与工作投入的关系：心理资本的中介作用[J].学前教育研究，2019（12）：41–51.

[23]代蕊华，阚粤红.教师共情疲劳：表现、生成机理及干预策略[J].教师教育研究，2022，34（5）：77–83.

[24]戴程.社群知识付费的使用、满足与忠诚：用户体验价值模型建构[J].现代传播（中国传媒大学学报），2020，42（12）：152–157.

[25]邓旭东，蒋黎.个体差异、组织支持感与员工绩效[J].财会通讯，2022（10）：88–91.

[26]杜静，常海洋.教师专业学习共同体之价值回归[J].教育研究，2020，41（5）：126–134.

[27]范楠楠，叶宝娟，倪林英，等.家庭功能对大学生网络利他行为的影响：有调节的中介模型[J].中国临床心理学杂志，2020，28（1）：185–187.

[28]冯迪.变革型领导对团队创新绩效影响的实证检验[J].统计与决策，2018，34（17）：170–173.

[29]冯晓英，林世员，骆舒寒，王冬冬.教师培训助力教师专业成长提质增效——基于国培项目的年度比较研究[J].中国电化教育，2021（7）：128-135.

[30]冯亚娟，邢仲超.安全激励对安全创新行为的影响研究——知识共享和安全氛围的作用[J].软科学，2022，36（4）：110-117.

[31]冯竹青，葛岩.物质奖励对内在动机的侵蚀效应[J].心理科学进展，2014，22（4）：685-692.

[32]高俊霞.农村小学教师专业发展影响因素及对策——以河北省遵化市小学教师为例[J].现代中小学教育，2013（3）：59-63.

[33]高晓清，杨洋.绩效考核公平感对县域中小学教师工作投入的影响——基于组织认同的中介效应[J].教育研究，2022，43（11）：149-159.

[34]宫慧娜，雷江华.美国高质量特殊教育教师培养的特点及启示——以范德堡大学特殊教育专业本科培养项目为例[J].教育学报，2021，17（2）：98-108.

[35]古家军，吴君怡.新创企业员工间高质量关系影响失败学习的机理研究[J].科研管理，2020，41（5）：164-171.

[36]关晓宇，杨子萱，李红玢.乡村教师何以“留得住、教得好、有发展”？人力资源双重关注模型的跨层次效应研究[J].中国人力资源开发，2023，40（1）：73-89.

[37]郭丛斌，王天骄.家庭劳动参与与高中生身心健康的倒“U”形关系——基于全国疫情期间高中在线学习状况调查数据的实证研究[J].清华大学教育研究，2022，43（3）：61-72.

[38]郭方玲.山东省特殊教育学校教师专业发展的现状与思考[J].中国成人教育，2017（7）：142-144.

[39]郭启华，孙常青.安徽省特殊教育教师专业发展现状调查[J].中国特殊教育，2012（4）：60-64.

[40]郭文臣，陈安琪.组织人力资本研究元分析[J].科研管理，2022，43（11）：191-199.

[41]韩双淼，谢静.中国教育的政策试验式改革：一个分析性框架[J].浙江大学学报（人文社会科学版），2022，52（8）：109-121.

[42]韩悦，周正.美国乡村教师保留率及其社会支持路径研究[J].比较教育学报，2022（1）：127–142.

[43]郝建江，郭炯.新兴技术赋能教师专业发展：诉求、挑战与路径[J].开放教育研究，2023，29（1）：46–52.

[44]何木叶，刘电芝.扎根理论的运用：误区与策略[J].心理科学，2022，45（5）：1273–1279.

[45]贺荟中，李卓辰.我国特殊教育教师专业发展研究现状[J].教学与管理，2013（12）：12–15.

[46]胡冬梅，吴屹.自我牺牲型领导的双刃剑影响作用研究：基于扎根理论[J].领导科学，2019（16）：75–78.

[47]胡惠闵.走向学校本位的教师专业发展：问题与思路[J].开放教育研究，2007（3）：51–55.

[48]胡义秋，刘正华.抑郁大学生心理健康的干预研究：不同类型学校支持的差异化影响[J].湖南师范大学教育科学学报，2019，18（5）：120–125.

[49]户清丽.主体适应性教学：意蕴、特点与创生[J].教育研究与实验，2015（2）：37–42.

[50]黄嘉欣，汪林，储小平.伦理型家族企业领导对员工偏差行为的影响机制研究——基于广东民营家族企业的实证数据[J].中山大学学报（社会科学版），2013，53（2）：199–208.

[51]黄荣怀，李敏，刘嘉豪.教育现代化的人工智能价值分析[J].国家教育行政学院学报，2021（9）：8–15.

[52]季诚钧，陈于清.我国教师专业发展研究综述[J].课程·教材·教法，2004（12）：68–71.

[53]姜雨峰.退缩还是创新：受年龄歧视影响的员工行为解析[J].上海财经大学学报，2017，19（6）：18–30.

[54]蒋建武，赵曙明.心理资本与战略人力资源管理[J].经济管理，2007（9）：55–58.

[55]缴润凯，刘立立.高层次园长培训如何实现精准发力——优秀园长素质特征模型研发与测评[J].教育研究，2022，43（4）：81–91.

[56]金辉.文化取向、共享动机与圈内—圈外知识共享意愿[J].管理科学，

2020，33（4）：119–136.

[57]井润田，孙璇.实证主义vs诠释主义：两种经典案例研究范式的比较与启示[J].管理世界，2021，37（3）：198–216.

[58]柯江林，刘琪，陈辰.风清气正环境何以促进公务员工作绩效提升？——基于公平感、心理资本与职场精神力的心理机制分析[J].公共行政评论，2022，15（6）：96–115.

[59]李超平.变革型领导与团队效能：团队内合作的跨层中介作用[J].管理评论，2014，26（4）：73–81.

[60]李广，李欣桐.中国共产党百年教师教育政策：历史进程、伟大成就与发展愿景[J].现代教育管理，2021（6）：1–9.

[61]李国仓."内卷"抑或"躺平"：高校激励治理中的教师工作投入选择[J].江苏高教，2022（12）：107–114.

[62]李健，刘世洁，陈传明.代际间企业家社会网络结构差异、组织沉默与传承绩效关系研究[J].管理学报，2020，17（12）：1769–1776.

[63]李金钊.论教师专业发展的社会支持系统[J].思想理论教育，2005（17）：59.

[64]李娜.民办高校本科学生创业支持体系研究[J].中国市场，2015（17）：98–99.

[65]李其容，李春萱，杨艳宇，等.获得支持是好还是坏？——师傅支持行为与新入职护士工作投入的复杂动态关系[J].心理科学，2023，46（2）：370–377.

[66]李倩，于娱，施琴芬.基于知识图谱的国内外颠覆式创新研究对比分析[J].科技管理研究，2020，40（15）：9–19.

[67]李巧灵，赵君哲，乔诗绮，郭腾飞，王明辉，赵国祥.不同社交媒体使用目的对员工工作绩效的影响机制[J].心理学报，2021，53（11）：1260–1270.

[68]李人杰，郭建鹏，吕帅.任务技术匹配如何影响大学生在线学习持续使用意愿——基于全国258所高校的实证调查[J].中国高教研究，2022（12）：45–50.

[69]李鑫.赴台交换生之学校支持、学习行为与学习满意度研究——基于

台湾地区P大学的调查[J].台海研究，2021（2）：18–30.

[70]李亚云.心理资本在高校教师职业幸福感与工作绩效间的中介作用[J].西北师大学报（社会科学版），2018（4）：125–129.

[71]李燕，余菊芬.特教教师健康行为对抑郁倾向的影响：评价性支持与主观幸福感的链式中介作用[J].中国特殊教育，2021（4）：27–33.

[72]李颖玲，朱锦鸿.心理资本理论研究评述[J].科技管理研究，2011（8）：203–208.

[73]力量.论宓子贱的“放任型”领导艺术[J].中国行政管理，2000（5）：40–41.

[74]林可.论教师的专业发展与环境支持[J].中南民族大学学报（人文社会科学版），2006，26（S1）：271–272.

[75]林伟鹏，冯保艺.管理学领域的曲线效应及统计检验方法[J].南开管理评论，2022，25（1）：155–166.

[76]蔺海沣，张智慧，赵敏.学校组织文化如何影响乡村青年教师留岗意愿——组织承诺的中介效应分析[J].教育研究，2021，42（8）：142–159.

[77]刘佳，杨艳杰，褚海云，张亚仙.护士心理资本在组织支持感与工作投入间的中介效应[J].中国公共卫生，2019，35（4）：475–477.

[78]刘洁.试析影响教师专业发展的基本因素[J].东北师大学报（哲学社会科学版），2004（6）：15–22.

[79]刘金荣.残疾人高等教育学校支持体系研究[J].长春大学学报，2014（9）：1271–1275.

[80]刘莉莉，孔曼.变革型领导力与教师组织承诺的关系研究——教师自我效能感的中介效应分析[J].华东师范大学学报（教育科学版），2020，38（7）：97–105.

[81]刘胜男，郭嘉欣，赵新亮.学校支持服务体系对乡村青年教师教学创新的影响机制研究[J].教师教育研究，2022，34（1）：78–85.

[82]刘世清，严凌燕.把教育公平作为国家基本教育政策[J].中国教育学刊，2019（9）：11–15.

[83]刘淑春.信用数字化逻辑、路径与融合[J].中国行政管理，2020（6）：65–72.

[84]刘艳萍.榜样·指导·关怀：新时代校长领导力的三门硬功夫[J].中小学管理，2023，388（3）：21–24.

[85]刘义兵，李月.重塑“尊师重教”：当代意义及其路径[J].当代教育科学，2022（5）：56–62.

[86]刘毅，吴伟炯，路红，谢雪贤，吴宇驹.个体与群体层次的组织支持对教师心理资本的影响[J].广州大学学报（自然科学版），2013（3）：89–95.

[87]刘友芝，李行芩.宣传者还是把关人？——新员工在朋友圈中转发企业信息的角色选择研究[J].管理案例研究与评论，2023，16（4）：399–412.

[88]刘宗南，卢会醒，章普，等.乡村教师选拔：人力资本、社会资本与心理资本——基于12000余名新入职乡村教师的调查[J].教育学术月刊，2022，363（10）：97–105.

[89]龙红霞，张卫良.道德教育的形式之维与实践之径[J].教育研究，2019，40（5）：43–50.

[90]卢长娥，罗生全.幼儿园教师工作家庭促进与工作满意度的关系：心理资本和工作投入的多重中介效应[J].学前教育研究，2021（5）：59–74.

[91]逯长春.广西中职教师心理资本与工作投入现状及关系调研[J].教育与职业，2020（8）：85–90.

[92]罗进辉，巫奕龙.数字化运营水平与真实盈余管理[J].管理科学，2021，34（4）：3–18.

[93]罗乐，向友余.脑瘫学生学校适应与学校支持系统的相关研究[J].中国特殊教育，2011（7）：18–22.

[94]吕亚楠.乡村教师专业发展支持系统的现状分析及重构[J].教育理论与实践，2016，36（17）：22–24.

[95]马贵梅，马红，张旭，马冰，袁明月.基于扎根理论的员工建言质量研究：内容结构、测量与作用机制[J].管理评论，2022，34（12）：227–240.

[96]马君，朱梦霆.命运天定还是逆天改命：探索劣势者成见的“傀儡效应”与“黑马效应”[J].心理学报，2023，55（6）：1029–1048.

[97]马龙海，许国动.大学校长领导力发展的分析模型：框架与方法[J].国家教育行政学院学报，2015（12）：8–13.

[98]马书采，李莉莉.甘肃省特殊教育教师队伍现状调查研究[J].中国特殊

教育，2018（2）：70–76.

[99]曼纽尔·卡斯特尔，贺佳，刘英.权力社会学[J].国外社会科学，2019（1）：130–139.

[100]毛晋平，谢颖.中小学教师心理资本及其与工作投入关系的实证研究[J].教师教育研究，2013（5）：23–29.

[101]毛齐明.教师学习从日常话语到研究领域[J].华东师范大学学报（教育科学版），2010，28（1）：21–27.

[102]毛文学.高职学生创业平台与服务支持体系研究[J].当代经济，2014（2）：114–116.

[103]孟万金.全纳教育理念下教师专业素质及专业化标准研究[J].中国特殊教育，2008（5）：13.

[104]倪清，吴成颂，徐慧，叶江峰.谦卑型文化与知识型员工创新绩效关系：风险承担意愿与情感信任的链式中介模型[J].科技进步与对策，2017，34（11）：132–139.

[105]欧阳硕，胡劲松.从“相安的疏离”到“理性的亲密”——基于扎根理论的研究生导学关系探析[J].高等教育研究，2020，41（10）：55–62.

[106]庞丽娟，王红蕾.新形势下创新完善我国学前教师编制与人事制度的政策思考[J].北京师范大学学报（社会科学版），2023，295（1）：62–69.

[107]彭欧，黄旭，王钢，张若男，白维.特殊教育教师胜任力对职业幸福感的影响：心理资本的中介作用[J].中国特殊教育，2018（10）：51–55.

[108]彭霞，熊泽泉，杨莉.高校图书馆员科研合作意愿及其影响因素分析[J].图书馆理论与实践，2023（1）：123–130.

[109]朴永馨.庆党百年 回顾中国特殊教育发展[J].中国特殊教育，2021（7）：6–7.

[110]祁灿，周小李.我国公民教育研究的话题演进及前沿动态——基于科学知识图谱分析[J].社会科学论坛，2020（6）：149–159.

[111]乔桂娟，韩霄.论我国高校教师专业发展的现实困境与学校支持策略[J].教师教育论坛，2017（9）：49–51.

[112]乔朋华，龙杨，许为宾.管理者心理韧性对企业创新绩效的影响机制研究[J].外国经济与管理，2022，44（7）：33–47.

三、学位论文类

[1] 曹玲燕.高原期教师职业生涯发展的学校支持策略研究[D].上海：华东师范大学，2012.

[2] 曹渝.学校支持对流动青少年心理健康影响研究[D].重庆：重庆大学，2016.

[3] 陈林.农村小学新手教师实践性知识发展的学校支持研究[D].成都：四川师范大学，2020.

[4] 葛晓宇.控制点、家庭支持、学校支持与职业决策自我效能的关系研究[D].长春：吉林大学，2011.

[5] 李一卓.教师心理健康的学校支持系统研究[D].上海：华东师范大学，2009.

[6] 罗明裕.特殊教育教师专业发展自传研究[D].武汉：华中师范大学，2018.

[7] 皮悦明.西部边疆特殊教育教师身份认同与专业发展研究[D].西安：陕西师范大学，2020.

[8] 盛倩.乡村小学教师专业发展学校支持研究[D].天津：天津师范大学，2021.

[9] 唐俊莉.高校教师发展的学校支持研究[D].大庆：东北石油大学，2017.

[10] 田亚惠.中小学学校资源条件对学生学业成绩的影响[D].南京：南京师范大学，2020.

[11] 王荣雪.延边地区小学教师职业生涯规划能力与学校支持相关研究[D].延吉：延边大学，2014.

[12] 王艳.乡镇初中教师专业发展的学校支持研究[D].开封：河南大学，2019.

[13] 吴利梅.特殊教育教师专业发展及与职业认同、大五人格的关系[D].长沙：湖南师范大学，2022.

[14] 吴伟炯.中小学教师心理资本及其相关因素研究[D].广州：广州大学，2011.

[15] 项楚瑶.学校支持对工科生学习效果的影响研究——基于华中科技大学SSLD的分析[D].武汉：华中科技大学，2016.

[16] 应金柱.学校支持对本科生学校归属感的影响研究[D].武汉：华中科技大学，2016.

[17] 佘明涛.初中青年教师专业发展现状及其学校支持系统研究——以成都S学校为例[D].成都：四川师范大学，2012.

[18] 张燕.贵州省特殊教育教师职业认同与学校支持研究[D].成都：四川师范大学，2018.

附　录

附录一　特殊教育教师专业发展问卷

尊敬的老师：

您好，本问卷旨在开展特殊教育教师专业发展相关研究，以期为特殊教育教师专业发展路径的优化提供依据和参考。您的回答仅作研究之用，没有好坏对错之分，我们将严格保密，请您按照实际情况放心作答。

请在最能反映您实际情况的那个数字上打“√”，谢谢您抽出宝贵时间填写问卷。

一、基本信息

1.您的性别：（1）男　（2）女

2.您是转岗教师吗？（由普通学校教师转为特殊教育教师）

（1）是　（2）否

3.您的年龄：（1）25岁及以下　（2）25～35岁

（3）35～50岁　（4）50岁及以上

4.您从事特殊教育的年限：（1）1～5年　（2）6～10年
（3）11～20年　（4）20年以上

5.您的职称：（1）无职称　（2）三级　（3）二级
（4）一级　（5）高级　（6）正高级

6.您的第一学历所学专业：（1）特殊教育相关专业　（2）其他专业

7.您的最后学历（包括在读学历）：（1）中专（高中）及以下
（2）大专　（3）本科　（4）硕士研究生及以上

8.您的编制情况是？（1）有编制　（2）无编制

9.您任教的学校所在的地区：（1）西部　（2）中部　（3）东部

二、问卷题项

请根据您的感受，在右边选择相应的答案	不符合	不太符合	不确定	较符合	完全符合
1.会尊重个体差异，主动了解和满足残疾学生的不同需要	1	2	3	4	5
2.会主动培养学生学习兴趣和爱好	1	2	3	4	5
3.引导学生自主学习，自强自立	1	2	3	4	5
4.对待工作乐观向上，善于自我调节情绪，保持平和心，勤于学习，不断进取	1	2	3	4	5
5.会主动培养高年级学生的社会适应能力并注重对他们社会经验的传授	1	2	3	4	5
6.对班级同学的情况充分了解	1	2	3	4	5
7.掌握所教学科知识体系与方法，了解与其他学科的联系	1	2	3	4	5
8.掌握教学的基本原理和方法	1	2	3	4	5
9.掌握不同残疾类型学生的认知和规律	1	2	3	4	5
10.掌握特殊儿童脾性养成的特点和规律	1	2	3	4	5

续表

请根据您的感受，在右边选择相应的答案	不符合	不太符合	不确定	较符合	完全符合
11.掌握对不同残疾类型学生的教学的基本理论	1	2	3	4	5
12.合理制订学生个体与集体的教育教学计划	1	2	3	4	5
13.能调动孩子的积极性，运用多种手段进行教学	1	2	3	4	5
14.会根据课堂上学生们的表现及时调整教学活动甚至调整教学计划	1	2	3	4	5
15.对每一个学生的评价有不一样的标准，并经常鼓励与表扬学生	1	2	3	4	5
16.能与不同残疾类型的特殊儿童正常沟通交流	1	2	3	4	5
17.使用符合各类特殊儿童特点的沟通方式进行教育教学工作	1	2	3	4	5
18.会经常对自己的教学活动及班级管理进行反思，并不断改进	1	2	3	4	5

附录二　特殊教育教师学校支持初始问卷

题目	完全不符合	不太符合	不确定	比较符合	完全符合
1.工作中遇到困难，我能得到同事的关心和帮助	1	2	3	4	5
2.我与同事、学生建立了深厚的感情	1	2	3	4	5

续表

题目	完全不符合	不太符合	不确定	比较符合	完全符合
3.学校的硬件设施能满足教师教育教学需求	1	2	3	4	5
4.学校会支持教师外出参加特教专业知识的培训	1	2	3	4	5
5.教师间会开展教育科学研究的交流活动	1	2	3	4	5
6.学校制定了明确的发展目标	1	2	3	4	5
7.学校会鼓励教师外出参加前沿知识和技能的培训	1	2	3	4	5
8.学校制定了教师专业发展激励机制	1	2	3	4	5
9.学校设施能够满足教育教学需求	1	2	3	4	5
10.学校提供了充足的培训经费支持教师发展	1	2	3	4	5
11.学校会支持教师外出学习培训	1	2	3	4	5
12.当我情绪低落时能够得到同事的安慰与鼓励	1	2	3	4	5
13.学校提供了良好的硬件支持	1	2	3	4	5
14.当我工作遇到困难时能够得到领导的鼓励	1	2	3	4	5
15.教师间有互助合作的群体观念	1	2	3	4	5
16.学校具有必备的工作场地	1	2	3	4	5
17.教师能够利用一定的时间共同学习和讨论	1	2	3	4	5
18.学校按规定发放岗位工资、绩效工资及其他福利待遇	1	2	3	4	5
19.学校制定了明确的学校发展目标	1	2	3	4	5
20.学校会为教师购买教育康复网络资源	1	2	3	4	5
21.教师之间形成良好的交流学习氛围	1	2	3	4	5
22.教研组教师共同为公开课磨课、备课	1	2	3	4	5
23.学校会尽力为我提供工作所需的培训	1	2	3	4	5

续表

题目	完全不符合	不太符合	不确定	比较符合	完全符合
24.学校领导对我的评价是合理恰当的	1	2	3	4	5
25.学校的教学工作制度是完善的	1	2	3	4	5
26.学校帮我制定了职业生涯发展规划	1	2	3	4	5
27.学校有必备的教学设备	1	2	3	4	5
28.学校有充足的培训经费	1	2	3	4	5
29.学校绩效考核制度合理	1	2	3	4	5
30.学校重视教师的意见和建议	1	2	3	4	5
31.同事工作认真负责	1	2	3	4	5
32.在工作中遇到问题，会得到同事的帮助	1	2	3	4	5
33.学校会组织教师观看网络优质课程	1	2	3	4	5
34.我与同事建立了深厚的感情	1	2	3	4	5
35.工作中我有足够的自主权	1	2	3	4	5
36.同事乐意分享自己的教学经验	1	2	3	4	5
37.学校整体的人际关系是和谐的	1	2	3	4	5
38.学校给我提供了合理的薪酬	1	2	3	4	5
39.学校让我觉得工作有价值感	1	2	3	4	5
40.足够的自主权使我的工作充满创造力	1	2	3	4	5
41.学校的岗前培训制度合理	1	2	3	4	5
42.学校的整体氛围是融洽的	1	2	3	4	5

附录三 特殊教育教师学校支持问卷

题目	完全不符合	不太符合	不确定	比较符合	完全符合
1.学校建立了明确的培训制度	1	2	3	4	5
2.当我工作遇到困难时能够得到领导的鼓励	1	2	3	4	5
3.学校具有足够的培训经费	1	2	3	4	5
4.学校会支持教师外出学习某一康复技能	1	2	3	4	5
5.学校形成了独特的办学理念	1	2	3	4	5
6.当我情绪低落时能够得到同事的安慰与鼓励	1	2	3	4	5
7.学校具有必备的教学、办公及生活设备	1	2	3	4	5
8.教师间有互助合作的团体意识	1	2	3	4	5
9.学校建立了教学科研激励机制	1	2	3	4	5
10.当我在工作中遇到困难时能够得到同事的关心和帮助	1	2	3	4	5
11.学校按规定发放岗位工资、绩效工资及其他福利待遇	1	2	3	4	5
12.学校会支持教师外出参加专业知识前沿的培训	1	2	3	4	5
13.学校建立了民主管理制度	1	2	3	4	5
14.学校制定了校本研修制度	1	2	3	4	5
15.学生对我有着深厚的感情	1	2	3	4	5
16.学校的硬件设施能满足教师教育教学的需求	1	2	3	4	5
17.教师之间形成了和谐的工作氛围	1	2	3	4	5
18.学校会为教师提供教育教学网络资源	1	2	3	4	5
19.学校建立了教师听课评课制度	1	2	3	4	5

附录四　心理资本问卷

题目	非常不同意	不同意	有点不同意	有点同意	同意	非常同意
1.我相信自己能分析问题，并找到解决方案	1	2	3	4	5	6
2.在开会时，相信自己能陈述好工作范围内的事情	1	2	3	4	5	6
3.我相信自己对单位的长远发展有贡献	1	2	3	4	5	6
4.在工作范围内，我相信自己能够制定适当的目标	1	2	3	4	5	6
5.我相信自己能与单位以外人员进行有效沟通	1	2	3	4	5	6
6.我相信自己能较好地向同事陈述信息	1	2	3	4	5	6
7.如果陷入困境，我能想出很多方法摆脱	1	2	3	4	5	6
8.目前，我在精神饱满地追求自己的目标	1	2	3	4	5	6
9.任何问题都有很多解决办法	1	2	3	4	5	6
10.目前，我认为自己在工作上相当成功	1	2	3	4	5	6
11.我能想出很多办法来实现工作目标	1	2	3	4	5	6
12.目前，我正在实现自己设定的工作目标	1	2	3	4	5	6
13.在工作中遇到挫折时，我能很快从挫折中恢复	1	2	3	4	5	6
14.在工作中，我无论如何都会去解决遇到的难题	1	2	3	4	5	6
15.我能独立应对那些不得不做的工作	1	2	3	4	5	6
16.我通常能对工作的压力泰然处之	1	2	3	4	5	6
17.因为以前经历过困难，我能胜任现在的工作	1	2	3	4	5	6
18.我感觉自己能同时处理很多事情	1	2	3	4	5	6
19.在工作中遇到不确定的事情时，我通常期盼最好的结果	1	2	3	4	5	6

续表

题目	非常不同意	不同意	有点不同意	有点同意	同意	非常同意
20.只要付出努力，工作就不会出错	1	2	3	4	5	6
21.对自己的工作，我总是看到积极的一面	1	2	3	4	5	6
22.我对工作的未来发展感到很乐观	1	2	3	4	5	6
23.在目前的工作中，事情都是如我所希望那样发展	1	2	3	4	5	6
24.工作时，我相信“黑暗的背后是光明，不用悲观”	1	2	3	4	5	6

附录五　工作投入量表

从来没有	几乎没有过	很少	有时	经常	十分频繁	总是
0	1	2	3	4	5	6

1	在工作中，我感到自己迸发出能量	0	1	2	3	4	5	6
2	我对工作富有热情	0	1	2	3	4	5	6
3	在工作时，我感到自己强大并且充满精力	0	1	2	3	4	5	6
4	工作激发了我的灵感	0	1	2	3	4	5	6
5	早上一起床，我就想要去工作	0	1	2	3	4	5	6
6	当工作忙碌时，我会感到快乐	0	1	2	3	4	5	6
7	我为自己从事的工作感到自豪	0	1	2	3	4	5	6
8	我沉浸于我的工作当中	0	1	2	3	4	5	6
9	我在工作时会达到忘我的境界	0	1	2	3	4	5	6

附录六　学校支持对特殊教育教师专业发展影响的访谈提纲

（1）回顾您的特殊教育教师工作经历，您觉得影响教师专业发展（知识、技能、专业理念和师德）的因素有哪些？学校层面的影响因素有哪些？

（2）您是如何理解学校支持的？学校在促进教师专业发展方面给予了哪些支持（措施）？

（3）刚刚成为一名特殊教育教师的时候，您能很快适应特殊教育工作吗？学校给予了您哪些支持？

（4）回顾特殊教育工作经历，您有无工作压力较大或工作难度过高的时候？这对您的工作造成了什么影响？如果是负面影响，你是如何克服的？

（5）您觉得学校支持对您的专业发展有影响吗？对您影响最大的一项学校支持是什么？它是如何影响您的？

（6）结合您的经历或观察周围同事的表现，您觉得对特教教师专业发展最重要的学校支持是什么？学校支持是如何发挥作用的？

（7）为了促进特教教师专业发展，您觉得最需要学校给予哪些支持？为了优化学校支持体系，您有哪些建议？

附录七　知情同意书

尊敬的老师：

您好！为了探究学校支持如何影响特殊教育教师专业发展，增强学校支持对教师专业发展的针对性和有效性。您被邀请参加一项关于“学校支持对特殊教育教师专业发展影响机制”的研究，在您决定是否参加这项研究之前，请尽可能仔细阅读以下内容。

（1）此次访谈将涉及您的个人基本信息、工作经历、对学校支持的理解及其对教师专业发展影响等几个方面的内容。

（2）为便于研究资料的整理和分析，访谈过程将进行录音，您有权利要求关闭录音设备。如您需要，访谈录音文件可以提供给您备份。

（3）访谈基于自愿原则，如果您觉得某个问题涉及您的隐私，或您不愿意回答，您可以随时向访谈人员提出，我们会略过此问题直接进入下一个问题的访谈；访谈过程中，您也可以随时提出终止访谈。

（4）我们将对访谈中获得的信息严格保密，与访谈相关的所有信息仅限于学术研究，并且在使用的时候进行匿名处理，以便更好地保护您的隐私。

如果您对上述内容充分理解并同意参与此次访谈，请在下面签名处签署您的名字。非常感谢您的支持！

受访人：

时间：